經傳釋詞

外二種

（清）王引之等 著

浙江人民美術出版社

圖書在版編目（CIP）數據

經傳釋詞：外二種 / (清) 王引之, (清) 孫經世著；藝文類聚金石書畫館編. -- 杭州：浙江人民美術出版社，2023.4

ISBN 978-7-5340-9832-1

Ⅰ. ①經… Ⅱ. ①王… ②孫… ③藝… Ⅲ. ①經學—古漢語虛詞—訓詁 Ⅳ. ① H16 ② H141

中國版本圖書館 CIP 數據核字（2022）第 247444 號

責任編輯 霍西勝 楊雨瑶
責任校對 羅仕通
責任印製 陳柏榮

經傳釋詞（外二種）

〔清〕王引之 〔清〕孫經世 著
藝文類聚金石書畫館 編

出版發行 浙江人民美術出版社
地　　址 杭州市體育場路347號
經　　銷 全國各地新華書店
製　　版 浙江時代出版服務有限公司
印　　刷 杭州捷派印務有限公司
版　　次 2023年4月第1版
印　　次 2023年4月第1次印刷
開　　本 889mm × 1194mm 1/32
印　　張 17.25
字　　數 348千字
書　　號 ISBN 978-7-5340-9832-1
定　　價 170.00圓

出版説明

梁啟超《中國近三百年學術史》寫道：「所謂『就古音以求古義，引申觸類』，實清儒治小學之最大成功處。而這種工作，又以高郵王氏父子做得最精而最通。」其中的「高郵王氏父子」即王念孫、王引之。王引之（一七六六—一八三四），字伯申，號曼卿，江蘇高郵人。乾隆六十年（一七九〇）舉人，嘉慶四年（一七九九）一甲三名進士，授翰林院編修，歷官至工部尚書。祖安同、父念孫皆以治名物訓詁著名於世，引之幼承家學，精研古義，深得樸學治學精髓，故得與王念孫并稱「高郵二王」。

《經傳釋詞》十卷，據王引之書前自序，乾隆五十五年（一七九〇）其赴京城隨父學習經義，「始取《尚書》廿八篇紬繹之，而見其詞之發句、助句者，昔人以實義釋之，往往詰籲爲病」，由此萌生闡發釋讀經典中虚詞的想法。後受其父治學經驗啟發，對古語虚詞豁然開悟，積數年之力，撰成此書，所謂「發明意恉，焕然冰釋，益復得所遵循，奉爲稽式，乃遂引而申之，以盡其義類。自九經三傳及周、秦、西漢之書，凡助語之文，遍爲搜討，分字編次，以爲《經傳釋詞》十卷」。該書收録虚詞凡一百六十組，二百六十四字。各條按音同義近分組，以守温字母爲序排列。每條訓釋體例爲先説用法，後引例證，追溯其原始，發明其演變，所作論斷多翔實切當，往往能發前人所未發。阮元對此大加稱賞：「今二十年，伯申侍郎始刻成《釋詞》十卷。元讀之，恨不能起毛、孔、鄭諸儒而共證此快論也。」（《經傳釋詞序》）而今人更從學術史層面對其加以定位，認爲「王引之《經傳釋詞》一書的學術貢獻，不僅僅在於其所列舉出的一六〇多個古漢語虚詞，更重要的學術貢獻在於他將古代漢語中的虛詞現象提升到古代漢語研究的自覺層面，使學人在注經解經的過程中，不僅要注意古代漢語的實詞現象，還要注意到古代漢語中的虛詞現象」，「他從詞匯學的角度提出古代漢語中的虛詞現象，并對之加以研究，爲清代的語言學研究提供了新的人文學視野，有助於古典人文知識的增長」（吴根友、孫邦金《戴震、乾嘉學術與中國文化》）。

該書初刊時間多有争議，有嘉慶三年（一七九八）和嘉慶二十四年（一八一九）兩種觀點。除了家刻本外，尚有道光九年（一八二九）《清經解》本、道光二十一年（一八四一）《守山閣叢書》本等。此次出版，據黄裳原藏嘉慶二十四年本予以影印。此本鈐有「來燕榭珍藏記」「黄裳藏本」「上海圖書館藏書」及「上海圖書館退還圖書章」等印，當係「珠還」後流出者。由書後黄氏所記「丁酉正月，收於海上」可知，此本爲一九五七年在上海所獲。黄裳爲清刻鑒藏大家，此本爲其收藏或出於其書口墨釘尚存的版本價值。

類此書口墨釘尚存的嘉慶二十四年本并非個例，辛德勇《經傳釋詞》一文寫道：「我得到的這部《經傳釋詞》，不僅是原刻而且還是最初試印的樣本。因書口上的墨釘尚且存留未鏟，每卷卷首的書名下也存有墨釘。這樣的初印本當然更爲罕見。購得此書時，正值業師黄永年先生在北京出席國家古籍整理出版規劃小組的會議。我持書呈請業師過目鑒賞，先生見之不禁拍案叫絶，歎爲佳品。先生并告之如此初印之本，業師徜徉京、滬書肆大半生，尚未曾寓目。其珍稀程度，可想而知。」如此看來，黄裳藏本也應當「不僅是原刻而且還是最初試印的樣本」了。不過，與辛氏藏本不同的是，黄裳藏本書前僅有王引之自序而無阮元序文，這是值得充分留意的。

另外，《經傳釋詞》刊印後影響巨大，除了大量翻刻本流傳外，後世還有不少學者嘗試對該書内容進行增補和辨正，較爲著名的如孫經世《經傳釋詞補》《經傳釋詞再補》，吴昌瑩《經詞衍釋》，章炳麟《王伯申新定助詞辨》等。有鑒於此，本次出版《經傳釋詞》還附録了長洲蔣氏校刻的孫經世《經傳釋詞補》《經傳釋詞再補》兩種，以便讀者研讀。

浙江人民美術出版社

二〇二二年十月

目録

經傳釋詞

十卷

語詞之釋肇於爾雅粤于爲曰茲斯爲此每有爲雖誰昔爲昔若斯之類皆約舉一隅以待三隅之反蓋古今異語別國方言類多助語之文凡其散見於經傳者皆可比例而知觸類長之斯善式古訓者也自漢以來說經者宗尚雅訓凡實義所在既明箸之矣而語詞之例則略而不究或卽以實義釋之遂使其文扞格而意亦不明如由用也猷道也而又爲詞之於若皆以用與道釋之則尚書之別求聞由古先哲王大誥猷爾多邦皆文義不安矣此舉一以例其餘後皆放此攸所也迪蹈也而又爲詞之用若皆以所與蹈釋之則尚書之各迪有功豐水攸

同毛詩之風雨攸除鳥鼠攸去皆文義不安矣不弗也否不也丕大也而又爲發聲與承上之詞若皆以弗與大釋之則尚書之三危既宅三苗丕敘我生不有命在天否則侮厥父母毛詩之否難知也有周不顯帝命不時禮記之不在此位也皆文義不安矣作爲也而又爲詞之始與及若皆以爲釋之則尚書之萬邦作乂作其卽位皆文義不安矣爲作也而又爲詞之如與有與與與於若皆以作釋之則左傳之何臣之爲晉語之稱爲前世穀梁傳之近爲禰宫管子之爲臣奴乎孟子之得之爲有財皆文義不安矣又如如若也而又爲詞之而

與乃與當與與若如也而又爲詞之其與而與此與惟曰言也而又爲詞之欥謂言也而又爲詞之爲與與與如與柰云言也而又爲詞之有與或與然寧安也而又爲詞之乃能善也而又爲詞之而與乃無不有也而又爲詞之發聲與轉語有不無也而又爲詞之爲卽就也而又爲詞之則與若與或則法也及至也而又爲詞之若茲此也而又爲歎詞嗟歎詞也而又爲語助彼他也而又爲詞之匪匪非也而又爲詞之彼叵八寸也而又爲詞之只允信也而又爲詞之用終盡也而又爲詞之旣多衆也而又爲詞之祇適徂逝皆往也而適又爲詞

之㫚徂又爲詞之及逝又爲詞之發聲思念也居處也夷平也一數之始也而又皆爲語助曷詞之何也而又爲何不盍何不也而又爲何於詞之于也而又爲爲爲與爰詞之曰也而又爲與安詞之焉也而又爲乃爲則爲於是焉詞之安也而又爲於爲是爲於是爲乃爲則惟詞之獨也而又爲與爲及爲雖雖不定之詞也而又爲惟矧詞之況也而又爲亦亦承上之詞也而又爲語助且詞之更端也而又爲此之詞之是也而又爲於爲其爲與凡此者其爲古之語詞較然甚箸揆之本文而協驗之他卷而通雖舊說所無可以心知其意者也引

之自庚戌歲入都侍大人質問經義始取尚書廿八篇紬繹之而見其詞之發句助句者昔人以實義釋之往往詰𥏐爲病竊嘗私爲之說而未敢定也及聞大人論毛詩終風且暴禮記此若義也諸條發明意恉涣若冰釋益復得所遵循奉爲稽式乃遂引而伸之以盡其義類自九經三傳及周秦西漢之書凡助語之文徧爲搜討分字編次以爲經傳釋詞十卷凡百六十字前人所未及者補之誤解者正之其易曉者則略而不論非敢舍舊說而尚新奇亦欲窺測古人之意以備學者之采擇云爾嘉慶三年二月一日高郵王引之敘

經傳釋詞弟一

經傳釋詞弟二

經傳釋詞弟五

豈　苟

盍　皋

厥

經傳釋詞弟六

乃　當

寧　儻

能　殆

徒　誕

獨　迪

尒　直

肆　曾
自　曾音層
兹　朁音憯
斯　哉
些　載
思　則
將　即
且　嗞音兹
且子餘反　𧦝今作嗟
徂　呰音紫

經傳釋詞弟九

經傳釋詞弟十

經傳釋詞弟一

高郵王引之

與

鄭注禮記檀弓曰、與及也、常語也、

與猶以也、易繫辭傳曰、是故可與酬酢、可與祐神矣、言可以酬酢、可以祐神也、禮記檀弓曰、殷人殯於兩楹之閒、則與賓主夾之也、言以賓主夾之也、玉藻曰、大夫有所往、必與公士爲賓也、言必以公士爲擯也、義見上文、中庸曰、知遠之近、知風之自、知微之顯、可與入德矣、言可以入德也、論語陽貨篇曰、鄙夫可與事君也與哉、言不可以事君也、孔傳曰、言不可與事君、皇疏曰、言凡鄙之人、不可與之事君、皆非也、下文患得患失、皆言鄙夫所以不可事君之故、非謂不可與鄙夫事君也、後漢書李法傳、法上疏諫、坐失旨免爲庶人、還鄉里、人問其不合上意之由、法未嘗應對、固問之、法曰、鄙夫可與事君乎哉、苟患失之、無所不至、法之言如此、是不說人以無罪而以鄙夫自貶、且自謂其不可以事君也、然則法之意亦謂鄙夫不可以事君、非謂不可與鄙夫事君明矣、顏師古匡謬正俗曰、孔子曰、鄙夫可以事君也與哉、李善注文選東京賦曰、論語曰、鄙夫不可以事君、變與言以、正與經旨相合、史記袁盎傳曰、妾主豈可與同坐哉、言不可以同坐也、漢書與作以、貨殖傳曰、智不足與權變、勇不足以決斷、仁不能以取予、漢書楊雄傳曰、建道德以爲師、友仁義與爲朋、文選羽獵賦與下有之字、乃後人不曉文義而妄加之、與亦以也、互文耳、家大人曰、與猶爲也、此爲字讀平聲、韓子外儲說左篇曰、名與多與之、其實少、言名爲多與之而其實少也、西周策曰、秦與天下罷、則令不橫行於周矣、言秦爲天下所疲也、今本作秦與天下俱罷、俱字乃後人不曉文義而妄加之、辯見讀書雜志、秦策曰、吳王夫差棲越於會稽、勝齊於艾陵、遂與句踐禽、死於干隧、言爲句踐所禽也、

家大人曰、與猶爲也、此爲字讀去聲、孟子離婁篇曰、所欲與之聚之、言民之所欲、則爲民聚之也、秦策曰、或與中期說秦王曰、鮑本如是、姚本與作爲、言爲中期說秦王也、楚策曰、秦王令芈戌告楚曰、毋與齊東國、吾與子出兵矣、言吾爲子

出兵也、又漢書高祖紀、漢王爲義帝發喪、漢紀爲作與

家大人曰、與猶謂也、大戴禮夏小正傳曰、獺獸祭魚其必與之獸何也、曰非其類也、與之獸、謂之獸也、來降燕乃睇室、（今本脫室字、據傳文補、）其與之室何也、操泥而就家、入人内也、與之室、謂之室也、曾子事父母篇曰、夫禮大之由也、不與小之自也、不非也、與謂也、言禮在由其大者、非謂由其小者而己也、李善本文選報任少卿書曰、假令僕伏法受誅、若九牛亾一毛、與螻蟻何以異、而世又不與能死節者、言世人不謂我能死節也、（漢書司馬遷傳作不與能死節者比、五臣本文選作不能與死節者次比、皆後人不曉文義而妄加增改、辯見讀書雜志、）

廣雅曰、與、如也、大戴禮四代篇曰、事必與食、食必與位、無相越踰、與、如也、言事必如其食、食必如其位也、晏子春秋問篇曰、正行則民遺、曲行則道廢、正行而遺民乎、與持民而遺道乎、與、亦如也、言將正行而遺民乎、如其持民而遺道乎也、墨子兼愛篇曰、若大國之攻小國也、大家之亂小家也、彊之劫弱、衆之暴寡、詐之謀愚、貴之敖賤、此天下之害也、又與爲人君者之不惠也、臣者之不忠也、父者之不慈也、子者之不孝也、此又天下之害也、又與今人之賤人、執其兵刃毒藥水火以交相虧賊、此又天下之害也、又與、猶又如也、襄二十六年左傳引夏書曰、與其殺不辜、寧失不經。凡上言與其、下言寧者、放此。禮記檀弓曰、喪禮、與其哀不足而禮有餘也、不若禮不足而哀有餘也、祭禮、與其敬不足而禮有餘也、不若禮不足而敬有餘也。凡上言與其、下言不若者、放此。與其、皆謂如其也。或但謂之與。晉語曰、與余以狂疾賞也、宋本如是、今本作是以狂疾賞也、乃後人不曉文義而妄改之。不如亾。孟子萬章篇曰、與我處畎畝之中、由是以樂堯舜之道、吾豈若使是君爲堯舜之君哉、吾豈若使是民爲堯舜之民哉。呂氏春秋貴直篇曰、與吾得革車千乘也、不如聞行人燭過之一言。史記魯仲連傳曰、吾與富貴而詘於人、寧貧賤而輕世肆志焉、是也。閔元年左傳曰、猶有令名、與其及也、王肅注曰、雖去猶有令名、何與其坐而及禍也、見史記晉世家集解、又後漢書背奭傳、傳曰、戲蹤適屨、孰云其愚、何與斯人、追欲嚓軀、何與猶何如也、二年傳曰、與其危身以速罪也、晉語作況其危身於狄以起讒於內也、況、比也、比、亦如也、杜注曰、言孰與危身以召罪、孰與猶何如也、秦策曰、秦昭王謂左右曰、今日韓魏孰與始強、對曰、弗如也、王曰、今之如耳魏齊孰與孟嘗芒卯之賢、對曰、弗如也、齊策曰、田侯召大臣而謀曰、救趙孰與勿救、趙策曰、趙王與樓緩計之曰、與秦城何如不與、今本不與下又有何如二字、乃後人不曉文義而妄加之、辯見讀書雜志、是孰與、卽何如也、故司馬相如子虛賦、楚王之獵、孰與寡人乎、郭

璞注曰、與猶如也、

與、語助也、僖二十三年左傳曰、夫有大功而無貴仕、其人能靖者與有幾、言能靖者有幾也、與語助也、與有幾三字連讀、釋文曰、其人能靖者與、音餘、絕句、失之、襄二十九年曰、是盟也、其與幾何、又昭元年曰、主民翫歲而愒日、其與幾何、又曰、叔向問子皙於行人揮、對曰、其與幾何、又晉語曰、雖謂之挾、而猾以齒牙、口弗堪也、其與幾何、又曰、郤子矜其伐而恥國君、言其其與幾何、吳語曰、民生於地上、寓也、其與幾何、幾何也、周語曰、若壅其口、其與能幾何、言能幾何也、韋注、與辭也、晉語曰、諸臣之委室而徒退者、將與幾人、言將幾人也、韋注、與辭也、又昭十七年左傳曰、其居火也久矣、其與不然乎、言其不然乎也、周語曰、余一人其流辟於裔土、何辭之與有、言何辭之有也、晉語曰、亡人何國之與有、言何國之有也、越語曰、如寡人者、安與知恥、言安知恥也、又孟子滕文公篇曰、不由其道而往者、與鑽穴隙之類也、與字皆是語助、無意義也、

㠯　以　已

㠯、或作以、或作已、鄭注禮記檀弓曰、以與已字本同、以、語詞之用也、書堯典曰、以親九族、是也、常語也、漢書劉向傳注曰、㠯、由也、大戴禮子張問入官篇曰、忿數者、獄之所由生也、距諫者、慮之所以塞也、以、亦由也、此亦常語、

玉篇曰、以、爲也、詩瞻卬曰、天何以刺、言天何爲刺也、凡經傳言何以若此者、皆謂何爲若此也、亦常語、

以、猶謂也、禮記檀弓曰、爾者吾有斯子也、吾以將爲賢人也、言吾謂將爲賢人也、昭二十五年左傳曰、公以告臧孫、臧孫以難、告郈孫、郈孫以可、勸、釋文曰、郈孫以可絕句、勸公逐季氏也、言臧孫謂難、郈孫謂可也、齊策曰、臣之妻私臣、臣之妾畏臣、臣之客欲有求於臣、皆以美於徐公、言皆謂美於徐公也、

廣雅曰、以、與也、書般庚曰、爾忱不屬、惟胥以沈、某氏傳曰、相與沈溺、詩江有汜曰、不我以、擊鼓曰、不我以歸、桑

柔曰不胥以穀儀禮鄉射禮曰主人以賓揖又曰各以其耦進大射儀曰以耦左還箋注並曰以猶與也禮記檀弓曰吾未嘗以就公室注曰未嘗與到公室觀其行也易鼎初六曰得妾以其子言得妾與其子也詩小明曰神之聽之式穀以女言式穀與汝也箋訓以爲用失之禮記郊特牲曰賓入大門而奏肆夏示易以敬也言示易與敬也襄二十年左傳曰賦常棣之七章以卒言賦七章與卒章也二十九年曰樂氏其以宋升降乎言與宋升降也論語微子篇曰而誰以易之言誰與易之也詩江有汜曰不我以不我與也旄丘曰何其處也必有與也何

其久也、必有以也、傳曰、必以有功德、失之、以、亦與也、古人自有複語耳、管子形勢篇曰、訾讆之人、勿與任大、譕臣者可以遠舉、顧憂者可與致道、呂氏春秋樂成篇曰、故民不可與慮化舉始、而可以樂成功、皆以與以互文、故鄉射禮各以其耦進、今文以爲與、越語節事者與地、史記越世家與爲以、呂氏春秋精諭篇、人可與微言乎、淮南道應篇與爲以、權動篇、不穀無與復戰矣、說苑敬愼篇與爲以、燕策得賢士與共國、史記燕世家與爲以

以、猶及也、易小畜九五曰、富以其鄰、虞翻注曰、以、及也、泰六四、謙六五、竝曰不富以其鄰、泰初九曰、拔茅茹、以其彙言及其彙

也、（否初六同）剝初六曰、剝牀以足、六二曰、剝牀以辨、六四曰、剝牀以膚、言及足及辨及膚也、復上六曰、用行師、終有大敗、以其國君、（句、）凶、言及其國君也、（王弼訓以爲用、云用之於國、則反乎君道、失之、此家大人說、）周語引湯誓曰、余一人有罪、無以萬夫、言無及萬夫也、

以猶而也、易泰六四曰、不戒以孚、猶繫辭傳言不疾而速、不行而至也、書牧誓曰、俾暴虐于百姓、以姦宄于商邑、金縢曰、天大雷電以風、（隱九年左傳曰、大雨霖以震、）禮記樂記曰、治世之音安以樂、亂世之音怨以怒、亡國之音哀以思、大戴禮曾子制言篇曰、富以苟、不如貧以譽、生以辱、不

如夙以榮、閔二年左傳曰、親以無災、又何患焉、昭二十年曰、濟其不及以泄其過、晉語曰、狐偃惠以有謀、趙衰文以忠貞、賈佗多識以恭敬、吳語曰、昔楚靈王不君、其臣箴諫以不入、莊二十四年公羊傳曰、戎衆以無義、以猶而也、僖二十一年傳曰、楚夷國也、彊而無義、是其證、何注曰、戎師多、又常以無義爲事、失之論語爲政篇曰、季康子問使民敬忠以勸、如之何、以字並與而同義、易同人彖傳曰、文明以健、中正而應、繫辭傳曰、蓍之德圓而神、卦之德方以知、禮記聘義曰、溫潤而澤、仁也、縝密以栗、知也、昭十一年左傳曰、紂克有緡以喪其國、紂克東夷而隕其身、以、亦而也、互文耳、

己既也、常語也、

鄭注考工記曰、己、太也、甚也、亦常語也、或作以、文五年左傳、嬴曰以剛、是也、

爾雅曰、己、此也、莊子齊物論篇曰、己而不知其然、謂之道、己字承上文而言、言此而不知其然也、養生主篇曰、己而爲知者、殆而已矣、言此而爲知者也、郭象注曰、己困於知而不知止、又爲知以救之、非是、此戴氏東原說、淮南道應篇曰、己雖無除其患、天地之閒、六合之內、可陶冶而變化也、無不也、言此雖不除其患也、此邵氏二雲說、或作以、禮記祭統、衞孔悝之鼎銘曰、對揚以辟之勤大命、施於烝彝鼎、以此也、指上文而言

也、辟、君也、言對揚此君之勤大命、著之於烝彝鼎也、鄭讀對揚以辟之爲句、云、辟、明也、言遂揚君命以明我先祖之德、先之、君命謂之勤大命、猶雒誥言文武勤教也、鄭以勤大命爲行君之命、亦失之、此家大人說、下同、射義引詩曰、大夫君子、凡以庶士、亦言凡此庶士也、

顏師古注漢書宣帝紀曰、已、語終辭也、書洛誥曰、公定予往已、禮記檀弓曰、生事畢而鬼事始已、盧植注曰、已者辭也、見通典禮六十四、已爲語終之詞、則與矣同義、連言之則曰已矣、論語曰、始可與言詩已矣、是也、學而八佾二篇猶乎與哉同義、而連言之則曰乎哉也、

已、歎詞也、書大誥曰、已、予惟小子、某氏傳曰、已、發端歎

辭也、漢書翟義傳作熙、顏師古注曰、熙、歎辭、康誥曰、已、女惟小子、又曰、已、女乃其速由茲義率殺梓材曰、已、若茲監、洛誥曰、已、女惟沖子、莊子庚桑楚篇曰、已、我安逃此而可、義竝同也、

猶

禮記檀弓注曰、猶、尚也、常語也、

詩小星傳曰、猶、若也、亦常語也、字或作猷、爾雅曰、猷、若也、猶爲若似之若、又爲若或之若、禮記内則曰、子弟猶歸器衣服裘衾車馬、則必獻其上、而後敢服用其次也、鄭注曰、猶、若也、襄十年左傳曰、猶有鬼神、於彼加之言若有鬼神也、

猶、猶均也、物相若則均、故猶又有均義、襄十年左傳曰、從之將退、不從亦退、猶將退也、不如從楚、亦以退之、猶將退、均將退也、論語堯曰篇曰、猶之與人也、出內之吝、謂之有司、猶之與人、均之與人也、燕策栁下惠曰、苟與人異、惡往而不黜乎、猶且黜乎、寧於故國爾、猶且黜、均將黜也、

詩陟岵曰、猶來無止、傳曰、猶可也、字或作猷、爾雅曰、猷可也、

由　猶　攸

廣雅曰、由、以、用也、由以用一聲之轉、而語詞之用亦然

見用字下。字或作猶、莊十四年左傳、猶有妖乎、正義曰、古者由猶二字、義得通用、莊四年公羊傳、紀侯之不誅、至今有紀者、猶無明天子也、猶亦與由同、或作攸、其義一也、其作猶者、書盤庚曰、先王有服、恪謹天命、茲猶不常寧、猶、猶用也、言先王敬謹天命、茲用不敢常安也、若安土重遷則是不知天命、故下文曰、今不承于古、罔知天之斷命也、某氏傳訓猶爲尚、失之、此家大人說、詳見經義述聞、下同、無逸曰、古之人、猶胥訓告、胥保惠、胥教誨、言古之人用相訓告、相保惠、相教誨也、其作攸者、禹貢曰、彭蠡既豬、陽鳥攸居、攸、猶用也、言陽鳥之地、用是安居也、林之奇尚書全解曰、諸儒之說皆以陽鳥爲雁、竊獨疑之、此篇所敘治水、詳見於九州之下者、莫非地名、此州上言彭澤、下言三江震澤、獨於此三句中言雁、非惟文勢不稱、考之九州、亦無此例也、夫雁之南翔、乃其天性、豈其洪水未平、遂不南翔乎、古地名取諸鳥獸、如虎牢犬邱之類多矣、左昭二十年、公如死鳥、杜注、衞地名、又鄭有鳴雁在陳留縣、漢北邊有雁門、安知陽鳥之非地名乎、案林說是也、居、宅也、陽鳥攸居、猶言三危既宅耳、陽鳥之地、年代曠隔、莫知所在不得因此而謂其非地名也、胡氏朏明乃以爲適當鴻雁來賓之時、卽所見而紀其事、夫禹八年治水、所見鳥獸多矣、倘卽所見而紀之、則禹貢豈止區區數策哉、胡氏又曰、陽鳥攸居、與桑土既蠶、三苗丕敘一例、不必以爲地名、案彼皆記治水之功、雁之棲宿、於禹績何與乎雁名陽鳥、書無明文、說者誤以陽鳥爲鳥、因附會彭蠡既豬之文、又牽合以鴻雁南翔之說耳、其不足信亦明矣、原其所以誤者、蓋但知爾雅有攸所也之訓、以爲經言陽鳥所居、則所居者爲彭蠡、而居之者爲水鳥矣、不知禹貢多以既攸二字相對爲文、攸猶用也、言陽鳥之地、用是安居也、與他處攸訓爲所者不同、又曰、漆沮既從、豐水攸同、又曰、九州攸同、四隩既宅、義竝同也、洪範曰、帝乃震怒、不畀洪範九疇、彝倫攸斁、又曰、天乃錫禹洪範九疇、彝倫攸敘言彝倫用斁、彝倫用敘也、金縢曰、予小子新命于三王惟永終是圖、茲攸俟、言茲用俟也、大誥曰、予曷其不于前寧人圖功攸終、圖功大功也、言曷不于前寧人大功用終也、上文曰、敷前人受命、茲不忘大功、又曰、不可不成、乃寧考圖功、圖功、即大功也、寧考圖功、即此所謂前寧人圖功也、傳訓圖爲謀、攸爲所、皆失之、以下攸字竝同、又曰、予曷敢不于前寧人攸受休畢、言曷敢不于前寧人用受休畢也、洛誥曰、無若火始炎炎、厥攸灼、敘弗其絕、言厥用灼也、多士曰、亦惟爾多士攸服奔走臣我多遜、言惟爾多士用服奔走也、無逸曰、乃非民攸訓、非天攸若、言非民用訓、非天用若也、詩蓼蕭曰、萬福攸同、采菽同、言萬福用同也、箋曰、攸、所也、失之下竝同。斯干曰、風雨攸除、鳥鼠攸去、君子攸芋、言風雨用除、鳥鼠用去、君子用芋也。又曰、君子攸躋、又曰、君子攸寧、義竝同也。楚茨曰、報以介福、萬壽攸酢、言萬壽用酢也。緜曰、迺立冢土、戎醜攸行、言戎醜用行也。棫樸曰、奉璋峩峩、髦士攸宜、言髦士用宜也。儀禮士冠禮髦士攸宜義同。鄭注攸所也、亦失之。旱麓曰、豈弟君子、福祿攸降、言福祿用降也。鳧鷖福祿攸降同。靈臺曰、王在靈囿、麀鹿攸伏、言麀鹿用伏也。文王有聲曰、四方攸同、王后維翰、言四方用同也。既醉曰、朋友攸攝、攝以威儀、言朋友用攝也。泮水曰、既作泮宮、淮夷攸服、言淮夷用服也。猶攸二字、與由同聲而相通、皆語詞之用也、說經者、見猶字則釋之爲尙、見攸字則釋之爲所、皆望文生訓、而非其本指、而史記夏本紀宋世家、於陽鳥攸居、豐水攸同、彝倫攸斁、彝倫攸敘、悉以所字代之、蓋古義之湮、由來久矣、

攸、猶所以也、書洪範曰、我不知其彝倫攸敘、王肅注曰、我不知常倫所以次敘、此攸字與下文彝倫攸斁彝倫攸敘異義、史記宋世家作我不知其常倫所序、亦失之、大誥曰、予惟小子、若涉淵水、予惟往求朕攸濟、某氏傳曰、往求我所以濟渡、是也、

攸、語助也、書盤庚曰、女不憂朕心之攸困、言不憂朕心之困也、某氏傳訓攸爲所、失之、下竝同、洪範曰、予攸好德、言予好德也、

史記作孑所好德、失之、又曰、四曰攸好德、言四曰好德也、詩皇矣曰、執訊連連、攸馘安安、言執訊連連、馘安安也、毛傳、攸、所也、失之、攸、皆語助耳、字亦作猷、盤庚曰、女猷黜乃心、無傲從康、言汝黜乃心也、傳訓猷爲謀、失之、下同、又曰、女萬民乃不生生、暨予一人猷同心、言不與予一人同心也、猷亦語助耳、

繇 由 猷

爾雅曰、繇、於也、繇由猷古字通、爾雅釋水釋文曰、繇、古由字、莊十四年左傳正義曰、古者由猶二字、義得通用、猷、卽猶字也、詩巧言、秩秩大猷、漢書敘傳作繇、書康誥曰、往敷求于殷先哲王、又曰、別求聞由古先哲王、由、亦于也、言徧求聞於古先哲王也、別與徧古字通、說見經義述聞、詩抑曰、無易由

言、箋曰、由、於也、禮記雜記曰、客使自下由路西、鄭注曰、客給使者、入設乘黃於大路之西、詩君子陽陽篇、左執簧、右招我由房、疑亦謂招我於房也、傳曰、由、用也、箋曰、由、從也、皆於義未安

馬融本大誥、王若曰、大誥繇爾多邦、鄭王本繇作猷、漢書翟義傳王莽倣大誥曰、大誥道諸侯王、蓋用爾雅繇道也之訓、馬鄭王竝同、以釋文正義知之、引之案大誥道爾多邦、文義不順、猷、於也、大誥猷爾多邦者、大誥於爾多邦也、經文本自明白、祇緣訓猷爲道、於義未安、致令後人妄改、其始改也、升猷字於誥字之上、某氏傳曰、順大道以告天下衆國是也、其再改也、又升猷字於大字之上、正義曰、此本猷在大上是

也、其他緣例而改者一、改而復脫者一、多士曰、王曰、猷告爾多士、多方曰、王曰、烏呼猷告爾有多方士、傳竝曰、以道告之、蓋俱是告猷、而晚出古文改爲猷告矣、此緣例而改者也、多方曰、王若曰、猷告爾四國多方、傳曰、順大道告四方、與大誥猷爾多邦傳同、則此句經文亦有大字、蓋初作大告猷爾四國多方、後改爲大猷告爾四國多方、故解之曰、順大道告四方、其後則又脫大字矣、此改而復脫者也、大誥在多士多方前、其誥猷之文、馬鄭王必皆有說、學者雖不悟誥猷之誤爲猷誥、猶不得不載其異同、至多士多方告猷之義、已詳大誥、不復再釋、學者斯忽焉不察矣、然以例推之、可得而知也、後之說書者、或以猷爲發語詞、或以爲歎詞、皆不知文由誤倒、故多方推測而卒無一當也、

因

因、由也、聲之轉也、書禹貢曰、西傾因桓是來、常語也、

因、猶也、亦聲之轉也、楚策曰、王獨不見夫蜻蛉乎、六足四翼、飛翔乎天地之閒、俛啄蚉䖟而食之、仰承甘露而飲之、自以爲無患、與人無爭也、不知夫五尺童子、方將調飴膠絲、加己乎四仞之上、而下爲螻蟻食也、夫蜻蛉其小者也、黃雀因是已、案已字絕句、因是、猶是也、已語

終詞也、言黄雀之自以爲無患、亦猶之蜻蛉也、下文曰、夫黄雀其小者也、黄鵠因是已、夫黄鵠其小者也、蔡聖矦之事因是已、蔡聖矦之事其小者也、君王之事因是已、義竝與此同、文選詠懷詩注引延篤戰國策論云、因是已、因事已復有是也、所解雖未了、而其以已字絕句甚明、今本改已爲以、而以黄雀因是以五字連下句讀之、則義不可通矣、下文皆放此、

用

用、詞之以也、一切經音義七引蒼頡篇曰、用、以也、以用一聲之轉、凡春秋公羊傳之釋經、皆言何以穀梁則或

言何用。桓十五年傳曰、（何用見其未易災之餘而嘗也。餘放此。）其實一也。書臯陶謨曰、侯以明之、撻以記之、書用識哉、用、亦以也。互文耳。

用、詞之由也。詩君子陽陽傳曰、由、用也。由可訓爲用、用亦可訓爲由、一聲之轉也。禮記禮運曰、故謀用是作而兵由此起、用、亦由也。互文耳。

用、詞之爲也。詩雄雉曰、不忮不求何用不臧、言何爲不臧也。節南山曰、國既卒斬何用不監、言何爲不監也。莊六年穀梁傳曰、何用弗受、亦謂何爲弗受也。用以爲皆一聲之轉。故何以謂之何用、何爲亦謂之何用、互見以爲二字下。

允

家大人曰、允、猶用也、用亦語詞、義見用字下、書堯典曰、允釐百工、言用釐百工也、某氏傳曰、允、信也、於文義未安、下皆放此、皐陶謨曰、允迪厥德、言用迪厥德也、又曰、庶尹允諧、言庶尹用諧也、庶尹用諧、猶言神人以和、周官大司樂疏引鄭注曰、允、信也、文義未安、大誥曰、允蠢鰥寡、言用動鰥寡也、論語堯曰篇引堯曰、允執其中、言用執其中也、包咸注曰、允、信也、文義未安、襄二十一年左傳引夏書曰、念茲在茲、釋茲在茲、名言茲在茲、允出茲在茲、言用出茲在茲也、名言茲在茲、允出茲在茲者、謂發一言、出一令、必本之於己而後民從之、故傳釋之曰、將謂由己壹也、允出茲在茲、卽出茲在茲、允、語詞耳、非謂信出茲在茲也、杜注訓允爲信、與文義不合、或曰、下文曰信由己壹而後功可念也。非釋允爲信乎。曰。非也。上文曰。在上位者洒濯其心。壹以待人。軌度其信。可明徵也。而後可以治人。故此復申之曰。信由己壹而後功可念也。信字正承軌度其信而言。非釋允字也。且信由己壹云云。乃通釋書詞。非專釋允出茲在茲一句也。哀六年傳曰。夏書曰。允出茲在茲。由己率常可矣。亦不以允爲信。詩鼓鍾曰。淑人君子。懷允不忘。懷思也。言思之用不忘也。箋曰。懷。至也。古者善人君子。至信不可忘。失之。公劉曰。豳居允荒。言豳居用荒也。箋曰。允。信也。文義未安。考工記。栗氏量銘曰。時文思索。允臻其極。言用臻其極也。鄭注曰。允。信也。文義未安。詩大明曰。聿懷多福。春秋繁露郊祭篇引作允懷多福。此蓋出三家詩。班固明堂詩亦曰。允懷多福。是允爲語詞也。後人但知允之爲信。而不知其又爲語詞。故訓釋多有未安。史記五帝本紀夏本紀。於允釐百工、

允迪厥德、庶尹允諧、亦皆以信字代之、蓋古義之失其傳久矣、

允、猶以也、墨子明鬼篇引商書曰、百獸貞蟲、允及飛鳥、莫不比方、言百獸貞蟲以及飛鳥也、以與用同義、故允可訓爲用、亦可訓爲以、說文曰、允從儿㠯聲、㠯用允、一聲之轉耳、

允、發語詞也、詩時邁曰、允王維后、言王維后也、又曰、允王保之、言王保之也、允、語詞耳、武曰、於皇武王、無競維烈、允文文王、克開厥後、允文與於皇對文、則允爲語詞益明、泮水曰、允文允武、允亦語詞、猶遹書言乃神乃武

乃文耳、見呂氏春秋諭大篇、箋皆訓允爲信、失之、

於

廣雅曰、於、于也、常語也、亦有於句中倒用者、書酒誥曰、人無於水監、當於民監、猶言無監於水、當監於民也、僖九年左傳曰、入而能民、土於何有、言何有於土也、凡言於何有者放此、昭十九年左傳曰、其一二父兄、私族於謀而立長親、言私謀於族也、杜注曰、於私族之謀、宜立親之長者、文義未安、又曰、諺所謂室於怒市於色者、楚之謂矣、言怒於室而色於市也、於猶在也、見呂氏春秋期賢篇高注、易繫辭傳曰、易之興也、其於中古乎、禮記曲禮曰、於外曰公、於其國曰君、是也、此亦常

語、

於、猶之也、昭四年左傳曰、亾於不暇、又何能濟、言亾之不暇也、十年曰、王貪而無信、唯蔡於感、言唯蔡之恨也、於與之同義、故於訓爲之、之亦訓爲於、互見之字下、

於、猶爲也、此爲字讀平聲、禮記郊特牲曰、埽地而祭、於其質也、又曰、祭天、埽地而祭焉、於其質而已矣、皆謂爲其質、不爲其文也、大戴禮曾子本孝篇曰、如此而成於孝子也、言如此而後成爲孝子也、曾子事父母篇曰、未成於弟也、言未成爲弟也、弟讀孝弟之弟、文六年穀梁傳曰、閏月者、附月之餘日也、積分而成於月者也、言成爲月也、孟子離

婁篇曰、寇至則先去以爲民望、寇退則反、殆於不可、言殆爲不可也、荀子正論篇曰、是特姦人之誤於亂說以欺愚者而淖陷之、（今本淖譌作潮、茲據楊注改、誤、謬也、見說文、）於、爲也、淖、溺也、（楚辭七諫、世沉淖而難論兮、王注曰、淖、溺也、）言姦人謬爲亂說以欺愚者而溺陷之也、（楊倞注曰、姦人自誤惑於亂說、因以欺愚者、猶於泥淖之中陷之、失之矣）

於與爲同義、故姚本東周策、夫秦之爲無道也、秦策、楚亦何以軫爲忠乎、鮑本爲並作於、史記張儀傳、韓梁稱爲東藩之臣、趙策爲作於、

於、猶爲也、（此爲字讀去聲、）老子曰、故貴以身爲天下、若可寄天下、愛以身爲天下、若可託天下、莊子在宥篇作故貴以

身於天下、則可以託天下、愛以身於天下、則可以寄天下、於天下、卽爲天下也、今本作故貴以身於爲天下、愛以身於爲天下、此後人依老子旁記爲字、而寫者因誤合之也、老子釋文、爲、于僞反、而莊子釋文無爲字、以是明之、此家大人說、

於、猶如也、昭三年左傳曰、今嬖寵之喪、不敢擇位、而數於守適、言數如守適也、杜注曰、不敢以其位卑、而令禮數如守適夫人、莊子大宗師篇曰、陰陽於人、不翅於父母、翅與啻同、言不啻如父母也、秦誓曰、不啻如自其口出、秦策曰、君危於累卵、而不壽於朝生、言危如累卵、不壽如朝生也、燕策曰、且非獨於此也、言非獨如此也、故漢書韓長孺傳、匈奴至者投鞶、高如城者數所、新序善謀篇如作於、

於語助也易繫辭傳曰於稽其類書堯典曰黎民於變時雍（於變與時雍對文於字釋文無音蔡沈以爲歎美辭非是）又曰於予擊石拊石（釋文曰於如字或音烏而絕句者非）詩靈臺曰於牣魚躍（於字釋文無音）又曰於論鼓鍾於樂辟廱（釋文於音烏鄭如字正義述毛亦如字今從正義）下武曰於萬斯年雖曰於薦廣牡（釋文於鄭如字王音烏正義述毛亦如字今從正義）是也

於發聲也左氏春秋定五年於越入吳杜注曰於發聲正義曰夷言有此發聲是也

於是者承上之詞常語也又隱四年左傳曰於是陳蔡方睦於衛此於是亦承上之詞而其義不同猶言當是時也桓五年傳曰於是陳亂國人分散故再赴僖十五

年傳曰、於是展氏有隱慝焉、義竝同也。

于

爾雅曰、于、於也。常語也。亦有於句中倒用者。詩崧高曰、四國于蕃、四方于宣。言蕃于四國、宣于四方也。又曰、謝于誠歸。亦言誠歸于謝也。見箋。

爾雅曰、于、曰也。曰、古讀若聿。字本作欥、或作曰、或作聿。說見欥字下。聿于一聲之轉。黃鳥于飛。詩葛覃。黃鳥聿飛也。于以采蘩。采蘩。聿以采蘩也。聿於亦一聲之轉。故傳曰、于、於也。箋曰、于以、猶言往以。與毛異義。非也。若訓于爲往、則下文于以用之、及采蘋之于以盛之、于以湘之、于以奠之、皆義不可通。至擊鼓之于以求之、則鄭亦訓爲於矣。穀旦于差、穀旦于逝。東門之枌。言穀旦聿差、穀曰聿逝也。王于興師、秦無衣。王聿興師也。王于出征、六月。王聿出征也。于疆于理、江漢。聿疆聿理也。于聿皆語詞。猶緜之迺疆迺理也。箋訓于爲往。亦失之。聿曰古字通。故爾雅訓于爲曰也。箋解穀旦于差、穀旦于逝曰、朝日善明、曰相擇矣。朝日善明、曰往矣。解王于出征曰、王曰令女出征玁狁。則是以爾雅之于曰也、爲論語子曰之曰。失其指矣。

于、猶乎也。其在句中者、常語也。亦有在句末者。管子山國軌篇曰、不籍而贍國、爲之有道于。宋本如是。今本于譌作乎。于猶乎也。呂氏春秋審應篇曰、然則先生聖于。高注曰、于、乎也。列子黃帝篇曰、今女之鄙至此乎。釋文曰、乎本又作于。莊子人閒世篇曰。不爲社者。且幾有翦乎。釋文曰。乎。崔本作于。是也。又爲歎美之詞。論語爲政篇。孝乎惟孝。釋文及漢石經乎竝作于。是也。

于。猶爲也。此爲字讀平聲。詩定之方中曰。定之方中。作于楚宮。揆之以日。作于楚室。正義曰。作爲楚邱之宮。作爲楚邱之室。張載注魏都賦引詩作作爲楚宮。作爲楚室。儀禮士冠禮曰。宜之于假。鄭注曰。于。猶爲也。聘禮記曰。賄在聘于賄。注曰。于。讀曰爲。昭十九年公羊傳曰。賊未討。何以書葬。不成于弑也。言不成爲弑也。史記秦始皇帝紀曰。請刻于石表。垂于常式。言垂爲常式也。三王世家封

齊王策曰、惟命不于常、褚少孫釋之曰、惟命不可爲常、

于、猶爲也、（此爲字讀去聲）孟子萬章篇曰、惟茲臣庶、女其于予治、于、爲也、爲、助也、趙注曰、惟念此臣衆、女故助我治事、是也、

于、猶如也、易繫辭傳曰、易曰、介于石、不終日、貞吉、介如石焉、寧用終日、斷可識矣、是介于石、卽介如石也、故漢書汲黯傳、愚民安知市買長安中、而文吏繩以爲闌出財物如邊關乎、史記如作于、于與於古字通、故兩字皆可訓爲爲、亦皆可訓爲如、互見於字下、

于、猶是也、詩出車曰、玁狁于襄、玁狁于夷、言玁狁是襄

玁狁是夷也、猶言戎狄是膺、荊舒是懲、

于、猶越也、與也、連及之詞、夏小正傳曰、越、于也、廣雅曰、越、與也、書大誥曰、大誥猷爾多邦、越爾御事、王莽倣大誥、作大告道諸侯王三公列侯、于女卿大夫元士御事、是連及之詞曰越、亦曰于也、康誥曰、子弗祗服厥父事、大傷厥考心、于父不能字厥子、乃疾厥子、于弟弗念天顯、乃弗克恭厥兄、兄亦不念鞠子哀、大不友于弟、言子之不孝、與父之不慈、與弟之不恭、兄之不友也、某氏傳曰、於爲人父、於爲人弟、失之、又曰、告女德之說于罰之行、行、道也、言告汝德之說與罰之道也、傳曰、告汝施德之說於罰之所行、失之、洛誥曰、四方

迪亂未定，于宗禮亦未克敉，公功迪將其後，當以四方
迪亂未定爲句，于宗禮亦未克敉爲句，公功迪將其後
爲句。爾雅曰，亂，治也。方言曰，迪，正也。四方迪亂，猶言亂
正四方，見微子篇。于，越也。言四方正治未定，越宗禮亦未克
安也。公功迪將其後者，上文曰，公功棐迪篤，下文曰，公
功肅將祗歡，與此竝以公功發句，此文之相符者也。上
文公功言棐迪，下文公功言肅將，此公功言迪將，此義
之相合者也。舊讀失之矣。多方曰，時惟爾初，不克敬于
和，則無我怨，于，與也。言不能敬與和也。上文曰，爾惟和哉，又曰，亦則以
穆穆在乃位，穆穆，敬也。故此言爾不能敬與
和，則無我怨，傳曰，不能敬于和道，亦失之。

經傳釋詞弟一

經傳釋詞弟二

高郵王引之

爰

爾雅曰、爰于也、又曰、爰於也、于與於同義、書盤庚曰、綏爰有衆、是也、詩擊鼓曰、爰居爰處、爰喪其馬、于以求之、于亦爰也、互文耳、

爾雅曰、爰曰也、曰與欥同、字或作聿、說見欥字下、聿爰一聲之轉、爰有寒泉、詩凱風、聿有寒泉也、爰伐琴瑟、定之方中、聿伐琴瑟也、爰得我所、碩鼠、聿得我所也、爰及矜人、鴻鴈、聿及矜人也、爰有樹檀、鶴鳴、聿有樹檀也、爰其適歸、四月、聿其適歸

也、蟋蟀曰、歲聿其莫、爰方啟行、公劉、聿方啟行也、爰衆爰有、聿衆聿有也、聿曰古字通、以上七詩、鄭箋皆用爾雅爰曰也之訓、是也、而多釋爲論語子曰之曰、則失其指矣、緜之詩曰、爰始爰謀、爰契我龜、曰止曰時、曰亦爰也、互文耳、又曰、爰及姜女、聿來胥宇、爰與聿亦互文、

張衡思元賦舊注曰、爰於是也、詩斯干曰、爰居爰處、爰笑爰語、公劉曰、于時處處、于時廬旅、于時言言、于時語語、爰卽于時也、于時、卽於是也、或訓爲于、或訓爲於、或訓爲曰、或訓爲於是、其義一也、

玉篇曰、爰爲也、書洪範曰、水曰潤下、火曰炎上、木曰曲

直、金曰從革、土爰稼穡、曰與爰皆爲也、互文耳、史記宋世家作土曰稼穡、又見曰字下、

爰猶與也、家大人曰、書顧命曰、大保命仲桓南宮毛、俾爰齊侯呂伋以二干戈虎賁百人、逆子釗于南門之外、爰與也、言使仲桓南宮毛與呂伋共迎康王也、某氏傳曰、使桓毛二臣各執干戈、於齊侯呂伋索虎賁百人、又曰、伋爲天子虎賁氏、皆未解爰字之義、而曲爲之說、爰于粤一聲之轉、故三字皆可訓爲於、亦皆可訓爲與、互見于粤二字下、

粤　越

爾雅曰、粤于也、又曰、粤於也、字亦作越、夏小正曰、越有

小旻傳曰、越、于也、于、猶今人言於是也、詩東門之枌曰、穀旦于逝、越以鬷邁、越、亦于也、互文耳、

爾雅曰、粵曰也、曰、與欥同、字亦作聿、說見欥字下、聿越聲相近、書高宗肜日曰、越有雊雉、言聿有雊雉也、夏小正曰、越有小旱、言聿有小旱也、聿、亦於是也、聿曰古字通、故爾雅訓粵爲曰也、

越、猶惟也、書大誥曰、越予小子、言惟予小子也、詩閔予小子曰、維予小子、又曰、越予沖人、言惟予沖人也、金縢曰、惟予沖人弗及知、

廣雅曰、越、與也、書大誥曰、大誥猷爾多邦、越爾御事、又曰、肆予告我友邦君、越尹氏庶士御事、又曰、爾庶邦君、

越庶士御事、又曰、義爾邦君越爾多士尹氏御事、又曰、肆哉爾庶邦君越爾御事、是也、周書越字與與字同義者甚多、大誥一篇而外、不能徧引、

越、猶及也、書召誥曰、惟四月既望、越六日乙未、言自既望及乙未六日也、下文曰、惟丙午朏、越三日戊申、亦謂自丙午及戊申三日也、後皆放此、

越若、亦及也、召誥曰、越若來三月、來、至也、見爾雅、言及至三月也、越若來三月爲句、惟丙午朏爲句、某氏讀越若來爲句、傳曰、於順來、失之、說見經義述聞、下文曰、若翼日乙卯、又曰、越翼日戊午、是越與若皆及也、若與及本同義、說見若字下、連言之則曰越若矣、漢書律厤志引武

成篇曰、粵若來二月、逸周書世俘篇同、義與此同、

亦越者、承上起下之詞、書立政曰、亦越成湯、亦越文王武王、是也、

曰

說文云、曰、詞也、廣雅云、曰、言也、此常語也、有一人之言而自爲問荅者、則加曰字以別之、若論語陽貨篇云、懷其寶而迷其邦、可謂仁乎、曰、不可、好從事而亟失時、可謂知乎、曰、不可、兩曰不可、皆陽貨之言、說見四書釋地、孟子告子篇云、爲是其智弗若與、曰、非然也、是也、有非問荅而亦加曰字以別之者、語更端也、若禮記檀弓云、公瞿然失席曰、是

寡人之罪也。曰寡人嘗學斷斯獄矣。論語憲問篇云。曰。今之成人者何必然。微子篇云。曰。吾老矣。不能用也。孟子公孫丑篇云。曰。管仲曾西之所不爲也。而子爲我願之乎。是也。此述古語既畢而更及今事也。呂氏春秋驕恣篇。李悝述楚莊王之言畢。則云。曰。此霸王之所憂也。而君獨伐之。其可乎。文義與此同。曰猶爲也。謂之也。若書洪範一曰水二曰火三曰木四曰金五曰土之屬是也。故桓四年穀梁傳。一爲乾豆。二爲賓客。三爲充君之庖。公羊傳爲作曰。

聿 遹 曰

音 欥 聿

說文曰。欥。詮詞也。字或作聿。或作遹。或作曰。其實一字也、毛鄭詩考正曰、文選注、江賦引韓詩薛君章句云、聿、辭也、春秋傳引詩聿懷多福、左傳昭二十六年、杜注云、聿、惟也、皆以爲辭助、詩中聿曰遹三字互用、禮記引詩聿追來孝、禮器今詩作遹、七月篇、曰爲改歲、釋文云、漢書作聿、角弓篇見晛曰消、釋文云、韓詩作聿、劉向同、傳於歲聿其莫、釋之爲遂、於聿脩厥德、釋之爲述、箋於聿來胥宇、釋之爲自、於我征聿至、聿懷多福、遹駿有聲、遹求厥寧、遹觀厥成、遹追來孝、竝釋之爲述、今考之皆承明上文之辭耳、非空爲辭助、亦非發語辭、而爲遂爲述爲自、緣辭生訓、皆非也、說文欥、詮詞也、從欠從曰、曰亦聲、引詩欥求厥寧然則欥葢本文同聲假借用曰聿遹三字引之案考正說是也班固幽通賦聿中龢爲庶幾兮曹大家注曰聿惟也漢書敘傳作欥詩中多借用曰字如曰至渭陽(渭陽)曰爲改歲曰殺羔羊(七月)我東曰歸(東山)曰歸曰歸(采薇)其湛曰樂曰既醉止是曰既醉(賓之初筵)見晛曰消(角弓)曰嬪于京(大明)曰止曰時予曰有疏附予曰有先後予曰有奔奏予曰有禦侮(緜)昊天曰明昊天曰旦(板)曰喪厥國(抑)曰求厥章(載見)皆當讀爲歲聿其莫之聿故曰爲改歲漢書食貨志引作聿見晛曰消釋文引韓詩作聿荀子非相篇漢書劉向傳引詩亦作聿曰嬪于京爾雅釋親注

引作聿予曰有奔奏、予曰有禦侮、楚辭離騷王注引作聿曰喪厥國、釋文引韓詩作聿曰求厥章、墨子尚賢篇引作聿、而鄭箋於我東曰歸、則云我在東山常曰歸也、案我東曰歸、言我自東山而于歸也、鄭說失之、於曰歸曰歸歲亦莫止、則云曰女何時歸乎、亦歲晚之時乃得歸也、案曰歸曰歸、猶言于歸于歸、於見晛曰消、則云至曰將出、其氣始見、人則皆稱曰雪今消釋矣、案見晛曰消、韓詩作曣晛聿消、云曣晛日出也、荀子作宴然聿消、聿於也、言日出則雪於是消釋也、作曰者、偺字耳、於曰止曰時、則云曰可止居於是也、案時、亦止也、曰止曰時、猶言爰居爰處、古人自有複語耳、爾雅、爰曰也、上言爰始爰謀、下言曰止曰時、互文也、詳見經義述聞、於予曰有疏附四句、則云文王之德所以至然者、我念之曰、此亦由有疏附先後奔奏禦侮之臣力也、案予者、指文王而言、猶大明之言維予侯興也、言文王能與其業、於是有疏附先後奔奏禦侮之臣也、於昊天曰明昊天曰旦、則云、昊天在上、人仰之、皆謂之明、案昊天曰明、昊天曰旦、猶言昊天惟明、昊天惟旦、曰、與聿同、故曹大家云、聿、惟也、蓋未達假借之義而經文遂詰鞫爲病矣、

安　案

易同人正義曰、安、猶何也、顏師古注漢書吳王濞傳曰、安、焉也、宣十二年左傳曰、暴而不戢安能保大、猶有晉在焉得定功、所違民欲猶多民何安焉、焉亦何也、互文耳、

安猶於也、大戴禮用兵篇曰、古之戎兵何世安起、安猶於也、何世於起、言起於何世也、此倒句也、安焉聲相近、墨子非命篇曰、何書焉存、文義與此同、魏策曰、君其自爲計、且安死乎、安生乎、安窮乎安貴乎、言於死於生於窮於貴也、鮑彪注、問何所安、失之、

安猶於是也、乃也、則也、字或作案、或作焉、其義一也、其作安者吳語曰、王安挺志、一日惕、一日留、以安步王志、言王乃寬志以行、疾徐如意也、韋注曰、挺、寬也、惕、疾也、留、徐也、步、行也、又曰、王安厚取名而去之、言王乃厚取名而去之也、老子曰、往而不害、安平太、言往而不害乃得平泰也、管子大匡篇曰、必足三年之食、安以其餘脩兵革、言有三年之

倉乃以其餘脩兵革也、尹知章以安字絕句、注曰、有三年倉、然後可安、失之、此家大人說、下同、內業篇曰、精存自生、其外安榮、言精生於中、其外乃榮也、尹注訓安爲靜、失之、山國軌篇曰、民衣倉而緜、與脩同、下安無怨咎、言下乃無怨咎也、又地員篇曰、其陰則生之楂棃、其陽安樹之五麻、安與則相對爲文、安亦則也、言其陽則樹之五麻也、今本安上又有則字、乃後人不曉文義而妄加之、又曰、其山之淺、有龍與斥、羣木安逐、安、於是也、爾雅曰、逐、彊也、言羣木於是彊盛也、尹注以安爲和易、失之、又曰、羣藥安生、又曰、羣藥安聚、又曰、羣木安逐、鳥獸安施、墨子尚賢篇曰、若飢則得食、寒則得衣、亂則得治、此安生生、安、猶乃也、言如此乃得生生也、非樂篇曰、然卽當爲之撞巨鍾、擊鳴鼓、彈琴瑟、吹竽笙、而揚干戚、民衣食之財、將安可得而具乎、卽我以爲未必然也、言衣食之財、將於是可得而具也、荀子勸學篇曰、上不能好其人、下不能隆禮、安特將學雜識志、順詩書而已耳、安猶則也、言既不能好其人、又不能隆禮、則但學雜識順詩書而已也、楊倞注曰、安、語助、或作案、戰國策、謂趙王曰、秦與韓爲上交、秦禍案移於梁矣、秦與梁爲上交、秦禍案攘於趙矣、呂氏春秋、吳起謂商文曰、今日置質爲臣、其主安重、釋璽辭官、其主安輕、蓋當時人通以安爲語助、仲尼篇曰、委然成文以示之天下、而暴國安自化矣、言暴國於是自化

卽、與則同、墨子則字多作卽、

志、卽識字也、識志二字、當衍其一、

荀子多用此字、禮記三年問作焉、

也，又曰，文王誅四，武王誅二，周公卒業，至於成王，則安
無誅矣，言至於成王，則於是無誅也，今本安下有以字，乃後人不曉文義
而妄加之，大略篇曰，至成康，則案無誅已，是其證，王霸篇曰，身不能，不知恐懼
而求能者，安唯便僻左右親比己者之用，言於是唯便
僻左右是用也，又曰，先義而後利，安不卹親疏，不卹貴
賤，唯誠能之求，言於是不卹親疏貴賤，而但求能者也，
正論篇曰，德明威積，海內之民，莫不願得以爲君師，然
而暴國獨侈，安能誅之，能，猶乃也，安，焉聲相近，能，乃聲相近，安能，卽楚詞之
焉乃也，互見焉字能字下，言海內莫不服從，而暴國獨侈然自大，於
是乃誅之也，又曰，於是焉桀紂羣居，而盜賊擊奪以危

上矣，安禽獸行，虎狼貪，故脯巨人而炙嬰兒矣。安，亦於是也，互文耳。呂氏春秋執一篇曰，今日置質爲臣，其主安重，今日釋璽辭官，其主安輕，言有是臣，則主爲之重，無是臣，則主爲之輕也。魏策曰，犀首得見齊王，因久坐安從容談，言犀首見齊王而久坐，於是從容與王談

句

也。其作案者，逸周書武寤篇曰，約期于牧，案用師旅，言約期於牧野，於是用師旅也。荀子榮辱篇曰，故先王案爲之制禮義以分之，言於是制禮義也。王制篇曰，權謀傾覆之人退，則賢良知聖之士案自進矣，言於是自進也。臣道篇曰，是案曰是，非案曰非，言是則曰是，非則曰

非也。正論篇曰：今子宋子案不然。言今子宋子則不然也。荀子中用案字者甚多，今不具載。趙策曰：秦與韓爲上交，秦禍案移於梁矣。言秦禍於是移於梁也。又曰：秦按攻魏，言秦於是攻魏也。按，與案同。下文君按救魏，秦按爲義，義竝與此同。今本作秦按兵攻魏，兵字乃後人所加。辯見讀書雜志。其作焉者，見焉字下。

安，焉也。然也。荀子榮辱篇曰：俄則屈安窮矣。言屈焉窮也。屈焉，窮貌也。楊注曰：安，語助。猶言屈然窮矣。

焉

顏氏家訓音辭篇曰：諸字書焉字，鳥名，或云語詞，皆音於愆反。自葛洪要用字苑分焉字音訓，若訓何訓安，當音於愆反。於焉逍遙，於焉嘉客，焉用佞，焉得仁之類是也。若送句及助詞，當音矣愆反。故稱龍焉，故稱血焉，有民人焉，有社稷焉，託始焉爾，晉鄭焉依之類是也。案禮記三年問、先王焉爲之立中制節、荀子禮論篇焉作安、安於一聲之轉、則助詞之焉亦可讀於從反、不必訓何訓安而後讀於從反也、或讀矣從反者、方俗語有輕重、而義則無分也、今仍從古讀、

玉篇曰、焉語已之詞也、常語也、

廣雅曰、焉安也、論語子路篇皇侃疏曰、焉猶何也、亦常語、

焉、狀事之詞也、與然同義、若詩小弁曰、惄焉如擣、書秦誓曰、其心休休焉之類、是也、亦常語、

焉、比事之詞也、亦與然同義、若大學引秦誓曰、其如有容焉之類、是也、亦常語、

焉、猶乎也、詩杕杜曰、嗟行之人、胡不比焉、儀禮喪服傳曰、野人曰、父母何算焉、禮記檀弓曰、子何觀焉、隱元年左傳曰、君何患焉、周語曰、先王豈有賴焉、莊三十二年公羊傳曰、君何憂焉、論語子路篇曰、又何加焉、是也、又昭三十二年左傳、遲速衰序、於是焉在、莊子秋水篇、於是焉河伯欣然自喜、焉字亦與乎同義、

焉、猶也也、昭三十二年左傳曰、民之服焉、不亦宜乎、莊元年公羊傳曰、於其出焉、使公子彭生送之、於其乘焉、搚幹而殺之、定四年曰、於其歸焉、用事乎河、是也、禮記檀弓曰、子夏曰、先王制禮、而弗敢過也、子張曰、先王制

禮不敢不至焉、焉猶也耳、

焉、猶於也、哀十七年左傳曰、裔焉大國、句滅之將亡、裔邊也、焉、於也、言邊於大國、將見滅而亡也、此顧氏寧人說、杜注既失其句而又失其讀、無庸置辯、宣六年公羊傳曰、勇士入其大門、則無人焉門者、入其閨、則無人焉閨者、何注曰、焉者、於也、是無人於門閨守視者也、下文上其堂、則無人焉、注曰、但言焉、絕語辭、堂不設守視人、故不言焉堂者、今本正文作則無人門焉者、則無人閨焉者、注中焉堂者、亦作堂焉者、皆後人不曉文義而妄乙之、此段氏若膺說、孟子盡心篇曰、人莫大焉無親戚君臣上下、言莫大於無親戚君臣上下也、

焉、猶是也、玉篇曰、焉、是也、詩防有鵲巢曰、誰侜予美心

焉忉忉、言心是忉忉也、巧言曰、往來行言、心焉數之、言心是數之也、隱六年左傳曰、我周之東遷、晉鄭焉依、周語作晉鄭是依、襄三十年曰、安定國家、必大焉先、言必大是先也、昭九年曰、使偪我諸姬、入我郊甸、則戎焉取之、言郊甸之地、戎是取之也、正義曰、焉猶何也、若不由晉、則戎何得取周之地也、失之、吳語曰、今王播棄黎老、而孩童焉比謀、言孩童是比謀也、

焉猶於是也、乃也、則也、聘禮記曰、及享、發氣焉盈容、言於是盈容也、於是、猶乃也、則也、禮記月令曰、命舟牧覆舟、五覆五反、乃告舟備具于天子焉、句天子焉始乘舟、薦鮪于寢

廟、言天子於是始乘舟也、今本焉字在乃告舟備具于天子下、唐石經同、家大人曰、焉字本在始乘之上、呂氏春秋季春篇作乃告舟備具于天子、天子焉始乘舟、高注曰、焉、猶於也、自冬至此、於是始乘舟、淮南時則篇及高注竝同、宋書禮志引蔡氏章句曰、陽氣和煖、鮪魚時至、將取以薦寢廟、故因是乘舟禊於名川也、焉因聲相近、因是二字、正釋焉字也、後之校月令者、不知焉訓爲於、遂移焉字於上句之末、校呂氏春秋者、又依誤本月令、於上句末增入焉字、唯下句焉字未刪、則以高注訓焉爲於故也、淮南作乃告具於天子、無焉字、月令之文、亦無以焉字絕句者、晉語曰、盡逐羣公子、乃立奚齊、句焉始爲令、國無公族焉、言於是始爲令也、墨子魯問篇曰、公輸子自魯南游楚、句焉始爲舟戰之器、言於是始爲舟戰之器也、山海經大荒西經曰、夏后開上三嬪于天、得九辯與九歌以下、此天穆之野、高二千仞、開焉始得歌九招、言於是始得今本始字在得字下、亦後人不曉文義而妄乙之、歌九招也、此皆古人以焉始二字連文之證、又祭法曰、壇墠有禱、句焉祭之、無禱乃止、言有禱則祭之也、家大人曰、焉字下屬爲句、焉祭之與乃止、相對爲文、三年問曰、故先王焉爲之立中制節、言先王於是爲之立中制節也、荀子禮論篇焉作安、焉安古字通、亦通作案、說見安字下、又曰、焉使倍之、故再期也、言於是使倍之也、鄭注曰、焉、猶然、然者、乃也、義亦與於是同、荀子作案使倍之、鄉飲酒義曰、焉知其能和樂而不流也、又曰、焉知其能弟長而無遺矣、又曰、焉知其能安燕而不亂也、皆言於是知其能如此也、三焉字屬下讀、不屬上讀、上文衆賓自入、及不酢而降、句末皆無焉字、是其證、正義以焉字上屬、失之、此劉氏端臨說、大戴禮王言篇曰、七教脩、句焉可以守、三至行、句焉可以征、言乃可以守、乃可以征也、（家語作然後可以守、然後可以征、）曾子制言篇曰、有知、句焉謂之友、無知、句焉謂之主、言有知則謂之友、無知則謂之主也、齊語曰、五家爲軌、軌爲之長、十軌爲里、里有司、四里爲連、連爲之長、十連爲鄉、鄉有良人、句焉以爲軍令、軍令、軍長也、言於是以爲軍長也、（家大人曰、焉字屬下讀、不屬上讀、上文里有司下無焉字、是其證、韋注、良人、鄉大夫也、本在良人下、今本移置於焉字下、非、）吳語、王孫雒曰、吾道路悠遠、必無有二命、句焉可以濟事、言必無有二命、乃可以濟事也、山海經大荒南經曰、雲雨之山有木、名曰欒、羣帝焉取藥、言羣帝於是取藥也。老子十七章、二十三章竝云、信不足、句焉有不信、言信不足、於是有不信也。今本作信不足、焉有不信、焉下焉字、乃後人不曉文義而妄加之、辯見讀書雜志。管子幼官篇曰、勝無非義者、句焉可以爲大勝、言勝無非義者、乃可以爲大勝也。揆度篇曰、民財足則君賦斂焉不窮、言賦斂乃不窮也。墨子親士篇曰、分議者延延、而支苟二字有誤者詻詻、句焉可以長生保國、言如是乃可以長生保國也。兼愛篇曰、必知亂之所自起、句焉能治之、不知亂之所自起、則不能治、言知亂之所自起、乃能治之也。非攻篇曰、天乃命湯於鑣宮、用受夏之大命、湯焉敢奉率其眾以鄉有夏之境、言湯既受天命乃敢伐夏也、又曰、王既已克殷成帝之來、分主諸神、祀紂先王、通維四夷、而天下莫不賓、句焉襲湯之緒、言武王乃襲湯之緒也、列子天瑞篇曰、其在死亾也、則之於息、句焉反其極矣、言既往於息乃反其極也、莊子則陽篇曰、君爲政、句焉勿鹵莽、治民、句焉勿滅裂、言爲政則勿鹵莽、治民則勿滅裂也、荀子非相篇曰、面長三尺、句焉廣三寸、言面長三尺、乃其廣僅三寸也、議兵篇曰、若赴水火、入焉焦沒耳、言入乃焦沒也、又曰、凡人之動也、爲賞慶爲之、則見害傷焉止矣、言見害傷乃止也、又曰、其所以接下之百姓者、無禮義忠信、句焉慮率用賞慶刑罰埶詐險阸其下獲其功用而已矣言無禮義忠信以接下乃慮率用賞慶刑罰埶詐而已也楊倞注曰、焉慮、無慮、猶言大凡也、案焉、猶乃也、慮、率、皆謂大凡也、漢書賈誼傳、慮亾不帝制而天下自爲者、顏師古注、慮大計也、楚辭離騷曰、馳椒丘且焉止息、言且於是止息也、九章曰、焉洋洋而爲客、又曰、焉舒情而抽信兮、義並與於是同、又離騷曰、皇天無私阿兮、覽民德焉錯輔、九辯曰、國有驥而不知乘兮、焉皇皇而更索、義並與乃同、又招魂曰、巫陽焉乃下招曰、言巫陽於是下招也、家大人曰、招魂曰、巫陽對曰、掌夢、上帝其難從、若必筮予之、恐後謝之、不能復用、王注曰、謝、去也、巫陽言如必欲先筮問求魂魄所在、然後與之、恐後世怠懈、必去卜筮之法、不能復脩用、下文巫陽焉乃下招曰、注曰巫陽受天帝之命、因下招屈原之魂、據此、則不能復用爲句、巫陽焉乃下招曰爲句、明矣、焉乃者、語詞、猶言巫陽於是下招耳、王注曰、因下招屈原之魂、因字正釋焉乃二字、今本皆以不能復用巫陽焉爲句、非也、不能復用者、謂不用上筮、非謂不用巫陽、且用字古讀若庸、與從字爲韻、若以不用巫陽連讀、則既失其義、而又失其韻矣、遠遊篇曰、焉乃逝以徘徊、列子周穆王篇曰、焉迺觀日之所入、此皆古人以焉乃二字連文之證、又案僖十五年左傳、晉於是乎作爰田、晉於是乎作州兵、晉語作焉作轅田、焉作州兵、西周策、君何患焉、史記周本紀作君何患於是、是焉與於是同義、莊八年公羊傳曰、吾將以甲午之日、然後祠兵於是、管子小問篇曰、且臣觀小國諸侯之不服者、唯莒於是、是於是與焉同義、荀子禮論篇、三

者偏亾句　焉無安入史記禮書焉作則老子第十三章故貴以身爲天下則可寄天下淮南道應篇引此則作焉是焉與則亦同義後人讀周秦之書但知焉爲絕句之詞而不知其更有他義於是或破其句或倒其文而禮記國語公羊老子楚辭山海經諸書皆不可讀矣

焉爾猶於是也隱二年公羊傳曰託始焉爾何注曰焉爾猶於是也

爲

爲曰也桓四年穀梁傳曰一爲乾豆二爲賓客三爲充君之庖公羊傳爲作曰是也

爲猶以也。詩十月曰：「胡爲我作，不卽我謀？」隱元年公羊傳曰：「曷爲先言王而後言正月？」四年穀梁傳曰：「何爲貶之也？」論語先進篇曰：「由之瑟奚爲於某之門？」高誘注呂氏春秋期賢篇曰：「於，猶在也。言由之瑟何以在我之門也。」胡爲、曷爲、何爲、奚爲，皆言何以也。隱三年公羊傳曰：「先君之所爲不與臣而納國乎君者。」僖十年穀梁傳曰：「里克所爲弒者。」趙策曰：「所爲見將軍者。」皆言所以也。故史記楚世家曰：「秦之所爲重王者。」魯仲連傳曰：「秦所爲急圍趙者。」秦策、趙策並作「所以」。

爲猶用也。桓六年左傳曰：「在我而已，大國何爲？」言大國何用也。吳語曰：「危事不可以爲安，死事不可以爲生，則

無爲貴智矣、言無用貴智也、成七年穀梁傳曰、雩不月而時、非之也、冬無爲雩也、言無用雩也、

爲、猶將也、孟子梁惠王篇曰、克告於君、君爲來見也、趙注曰、君將欲來、是也、史記盧綰傳曰、盧綰妻子亾降漢、會高后病不能見、舍燕邸、爲欲置酒見之、高后竟崩、不得見、言高后將欲置酒見之、會高后崩、不得見也、衞將軍驃騎傳曰、驃騎始爲出定襄、當單于、捕虜、虜言單于東、乃更令驃騎出代郡、言始將出定襄、後更出代郡也、

家火人曰、爲、猶如也、假設之詞也、晉語叔向曰、荆若襲我、是自背其信而塞其忠也、爲此行也、荆敗我、諸侯必

叛之、爲猶如也、言如此行也、而荊敗我、則諸侯必叛之也、今本無爲字、乃後人不曉古義而妄刪之、據宋明道本補、管子戒篇曰、夫江黃之國、近於楚、爲臣外乎君、必歸之楚而寄之、爲猶如也、臣管子自謂也、言如臣外、則君必歸江黃於楚也、尹知章注曰、二國豈爲齊臣而外乎、非是、列子說符篇曰、孫叔敖戒其子曰、爲我外、王則封女、女必無受利地、呂氏春秋異寶篇同、呂氏春秋長見篇曰、臣之御庶子鞅、願王以國聽之也、爲不能聽、勿使出境、魏策同、韓子內儲說篇曰、王甚喜人之掩口也、爲見王必掩口、楚策同、顯學篇曰、今之新辯濫乎宰予、而世主之聽眩乎仲尼、爲悅其言、因任其身、則焉得無失乎、秦策曰、中國無事於秦、則秦且燒焫獲君之國、中國爲有事於秦、則秦且輕使重幣、而事君之國也、又曰、爲我葬、必以魏子爲殉、上爲字、如也、又曰、是楚與三國謀出秦兵矣、秦爲知之、必不救也、趙策曰、魏使人因平原君請從於趙、三言之、趙王不聽、出遇虞卿、曰、爲入必語從、韓策曰、韓必不爲鴈行以來、爲能聽我絕和於秦、秦必大怒、以厚怨於韓、又曰、料大王之卒、悉之不過三十萬、爲除守徼亭障塞、見卒不過二十萬而已、史記宋世家曰、今誠得治國、國治身死、不恨、爲死終不治、不如去、凡言爲者、皆如也、

爲不能聽我、鮑本如此、姚本作縱韓爲不能聽我、非是、辯見讀書雜志、韓之德王也、

爲猶使也、亦假設之詞也、孟子離婁篇曰、苟爲不畜終身不得、又曰、苟爲無本、其涸也可立而待也、告子篇曰、苟爲不熟、不如荑稗、莊子人間世篇曰、苟爲不知其然也、孰知其所終、皆言苟使也、

家大人曰、爲猶於也、莊二十二年左傳曰、並于正卿、釋文曰、于本或作爲、于於古字通、西周策曰、君不如令弊邑陰合爲秦鮑本如是姚本爲字依史記作於、史記孟嘗君傳爲作於、晉語曰、稱爲前世、韋注曰、言見稱譽於前世、是爲卽於也、又僖二十年穀梁傳曰、謂之新宮、則近爲禰宮、言近於禰宮也、晏子雜篇曰、爲其來也、臣請縛一人過王而行、言

於其來也、秦策曰、朝爲天下、鮑本朝上增一字、非是、辯見讀書雜志、言朝
於天子也、竹書紀年曰、秦穆公帥師送公子重耳、圍令
狐桑泉臼衰、皆降爲秦師、言降於秦師也、
爲、猶則也、莊子寓言篇曰、與己同則應、不與己同則反、
同於己爲是之、異於己爲非之、爲、亦則也、
家大人曰、爲、猶與也、管子戒篇曰、自妾之身之不爲人
持接也、尹知章注曰、爲、猶與也、孟子公孫丑篇曰、不得
不可以爲悅、無財不可以爲悅、得之爲有財、古之人皆
用之、言得之與有財也、齊策曰、犀首以梁爲齊戰於承
匡而不勝、言以梁與齊戰也、韓策曰、嚴仲子辟人因爲

聶政語、言與聶政語也、韓詩外傳曰、寡人獨爲仲父言、而國人知之、何也、言獨與仲父言也、史記淳于髡傳曰、豈寡人不足爲言邪、言不足與言也、李斯傳曰、斯其猶人哉、安足爲謀、言安足與謀也、

家大人曰、爲猶有也、孟子滕文公篇曰夫滕、壤地褊小、將爲君子焉、將爲野人焉、趙注曰、爲有也、雖小國、亦有君子、亦有野人也、又曰夷子憮然爲閒、注曰爲閒、有頃之閒也、盡心篇曰、爲閒不用、則茅塞之矣、注曰爲閒有閒也、晏子外篇曰、孔子之不逮舜爲閒矣、爲閒、亦有閒也、故莊子大宗師篇曰、莫然有閒、釋文曰、本亦作爲閒、

又僖三十三年左傳曰、秦則無禮、何施之爲、言何施之有也、漢書張湯傳曰、何厚葬爲、漢紀作何厚葬之有、成二年傳曰、臣治煩去惑者也、是以伏死而爭、今二子者、君生則縱其惑、死又益其侈、是棄君於惡也、何臣之爲、言何臣之有也、杜注曰、若言何用爲臣、失之、十二年傳曰、若讓之以一矢、禍之大者、其何福之爲、言何福之有也、桓六年左傳曰、其何福之有、昭元年傳曰、諸侯之會衞社稷也、我以貨免、魯必受師、是禍之也、何衞之爲、言何衞之有也、十三年傳曰、國不競亦陵、何國之爲、言何國之有也、又曰、若曰無罪而惠免之、諸侯不聞、是逃命也、何免之爲、言何免之有也、周語曰、余敢以私勞變前之大章以忝天下其若先王與百姓何、何政令之爲也、言何政令之有也、韋注曰、何以復臨百姓而爲政令乎、失之、晉語曰、若有違質教將不入、其何善之爲、言何善之有也、韋注言不能使善、失之、又曰、今范中行氏之臣、不能匡相其君使至於難、君出在外、又不能定而棄之、則何良之爲、言何良之有也、楚語曰、若於目觀則美、縮於財用則匱、是聚民利以自封而瘠民也、胡美之爲、言胡美之有也、又曰、君而討臣、何讎之爲、言何讎之有也、又曰、若夫白珩、先王之玩也、何寶之爲、宋明道本作何寶之焉、焉乃爲字之譌、上篇胡美之爲、宋本爲誤作焉、卽其證、今本作何寶焉、刪去之字、尤非、言何寶之有也、孟子滕文公篇曰、夫夷子

信以爲人之親其兄之子、爲若親其鄰之赤子乎、言有若親其鄰之赤子也、盡心篇曰、何不使彼爲可幾及而日孳孳也、言使彼有可幾及也

家大人曰、爲、猶謂也、宣二年穀梁傳曰、趙盾曰、天乎天乎、予無罪、孰爲盾而忍弑其君者乎、言孰謂盾忍弑其君者也、公羊傳曰、趙盾曰、吾不弑君、誰謂吾弑君者乎、是其證、范注訓爲爲作、失之、辯見經義述聞孟子公孫丑篇曰、管仲、曾西之所不爲也、而子爲我願之乎、言子謂我願之也、告子篇曰、爲是其智弗若與、爲與謂同義、趙注曰、爲是謂其智不如也、分爲與謂爲二、失之曰、非然也、言謂是其智弗若也、又曰、書曰、享多儀、儀不及物、曰不享、惟不役志于

享爲其不成享也、言書之所言謂其不成享也、禮記文
王世子曰、父在斯爲子、君在斯謂之臣、爲下當有之字寫者脫去耳淮
南詮言篇曰、動而爲之生、煞而謂之窮、說苑臣術篇曰、
從命利君爲之順、從命病君爲之諛、逆命利君謂之忠、
逆命病君謂之亂、爲之謂之互用、是其例
也、孔穎達不能釐正而曲爲之說、非是、爲猶謂也、莊
子天地篇曰、四海之內共利之之爲悅、共給之之爲安、
讓王篇曰、君子通於道之謂通、窮於道之謂窮、今某抱
仁義之道以遭亂世之患、其何窮之爲、之爲、猶之謂也、
故其何窮之爲、呂氏春秋愼人篇作何窮之謂、大戴禮
記文王官人篇曰、此之爲考志也、逸周書官人篇爲作
謂、莊二十二年左傳曰、是謂觀國之光、史記陳杞世家

謂作爲、墨子公輸篇曰、宋所爲無雉兎鮒魚者也、宋策爲作謂、

爲、語助也、禮記曾子問篇正義、引一解曰、爲、是助語、大戴禮記五帝德篇曰、夫黃帝尚矣、女何以爲、句先生難言之、女何以爲絕句、以、用也、爲、語助也、言黃帝之事遠矣、汝何用問也、先生難言之、自爲一句、史記五帝紀贊曰、百家言黃帝、其文不雅馴、薦紳先生難言之、義本於此也、王肅作家語、乃用其文而改之曰、上世黃帝之問將謂先生難言之故乎、則既失其義而又失其句矣、又四代篇、及論語子張篇竝曰、無以爲也、以、用也、爲、語助、大戴禮記曰、公曰、請問民徵、子曰、無以爲也、難行、言無用問也、論語曰、叔孫武叔毀仲尼、子貢曰、無以爲也、言無用毀也、皇侃論語疏曰、使無以爲訾毀、邢昺正義曰、無用爲此毀訾、皆誤解爲字、襄十七年左傳曰、是之不憂、而何以田爲、二十二年傳曰、雨行、何

以聖爲、昭二十八年傳曰、三代之亾、共子之廢皆是物也、女何以爲哉、以、用也、言女何用是物哉、爲、語助、晉語曰、將何治爲、楚語曰、亾人得生、又何不來爲、定十年穀梁傳曰、何爲來爲、下爲字語助、論語顏淵篇曰、何以文爲、皇侃疏曰、何必用於文華乎、是爲爲語助也、邢昺正義曰、何用文章乃爲君子、非是、子路篇曰、雖多、亦奚以爲、以、用也、爲、語助、言誦詩雖多、亦何用也、皇侃疏曰、亦何所爲用哉、失之、季氏篇曰、何以伐爲、以、用也、言何用伐也、孟子滕文公篇曰、惡用是鶂鶂者爲哉、萬章篇曰、我何以湯之聘幣爲哉、莊子逍遙遊篇曰、奚以之九萬里而南爲、以、用也、之、是也、言何用是九萬里也、又曰、予無所用天下爲、楚詞漁父篇曰、何故深思高舉、自令放爲、荀子議兵篇曰、然則又何以兵爲、呂氏春秋異寶篇曰、今我何以子之千金劒爲乎、韓子說林篇曰、奚以薜爲、趙策曰、君何以疵言告韓魏之君爲、皆是也、

謂

家大人曰、謂、猶爲也、此爲字讀平聲、易小過上六曰、是謂災眚、詩賓之初筵曰、醉而不出、是謂伐德、是謂、猶是爲也、莊二十二年左傳、是謂觀國之光、史記陳杞世家作是爲、是其證也、又僖五年傳曰、一之謂甚、其可再乎、言一之爲甚也、昭元年曰、此之謂多矣、若能少此、吾何以得見、言此之爲多也、十年曰、佻之謂甚矣、而壹用之、二十一

年曰、登之謂甚、吾又重之、周語曰、守府之謂多、胡可與也、晉語曰、八年之謂多矣、何以能久、義並同也、又大戴禮少閒篇曰、何謂其不同也、元本如是、明本皆改謂作爲、失之、韓詩外傳曰、何謂而泣也、淮南人閒篇曰、國危而不安、患結而不解、何謂貴智、吳語曰、危事不可以爲安、死事不可以爲生、則無爲貴智矣、並與何爲同義、楚策曰、人皆以謂公不善於富摯、與以爲同義、故說苑君道篇則何爲不具官乎、晏子春秋問篇爲作謂、呂氏春秋精諭篇胡爲不可、淮南道應篇爲作謂、漢書英布傳胡爲廢上計而出下計、史記爲作謂、爲謂一聲之轉、故爲可訓謂、謂亦可訓爲、互見爲字下、家大人曰、謂猶爲也。（此爲字讀去聲。）史記魯仲連傳曰、所謂貴於天下之士者、爲人排患釋難、解紛亂而無取也。所謂所爲也。鹽鐵論憂邊篇曰、有一人不得其所、則謂之不樂。謂之爲之也。故呂氏春秋恃君篇、凡吾所爲爲此者。趙策所爲作所謂。史記蕭相國世家、上所爲數問君者。漢書爲作謂。周本紀、請爲王聽東方之變。東周策爲作謂。大戴禮朝事篇曰、禮樂謂之益習、德行謂之益脩。（高安朱氏本改兩謂字作爲、失之。）天子之命爲之益行。謂亦爲也、互文耳。

家大人曰、謂猶與也。史記鄭世家曰、晉欲得叔詹爲僇。鄭文公恐、不敢謂叔詹言。言不敢與叔詹言之也。漢書

高祖紀高祖乃書帛射城上與沛父老史記與作謂與謂亦一聲之轉故與可訓謂謂亦可訓與互見與字下

家大人曰謂猶如也柰也齊策曰雖惡於後王吾獨謂先王何乎高注曰謂猶柰也漢書禮樂志郊祀歌曰徧觀是邪謂何晉灼注曰謂何當如之何也如之何即柰之何也詩行露曰豈不夙夜謂行多露謂猶柰也言豈不欲夙夜而行柰道中多露何哉謂何而但曰謂猶柰何而但曰柰也淮南兵略篇曰唯無形者無可柰也楊雄廷尉箴曰惟虐惟殺人莫予柰柰卽柰何也正義以以爲二字代謂字未合語意北門曰天實爲之謂之何哉言柰之何也箋曰謂勤也我勤身以事君何哉失之節南山曰赫赫師尹不平謂何言師尹爲

政不平，其柰之何也。箋曰：謂何，猶云何也。正義曰：汝居位爲政不平，欲云何乎，未合語意。僖二十八年左傳曰：救而棄之，謂諸侯何。言柰諸侯何也。成十六年曰：若諸侯何。若，亦柰也。成二年曰：以師伐人，遇其師而還，將謂君何。言將柰君何也。僖十五年曰：將若君何。十七年曰：君實有臣而殺之，其謂君何。言其柰君何也。魏策曰：殺之亡之，無謂天下何。內之，無若羣臣何。若，亦柰也。言無柰天下何，無柰羣臣何也。史記孝文紀曰：是重吾不德也，謂天下何。言柰天下何也。索隱曰：言何以謂於天下，失之。謂與如若柰竝同義。史記禮書曰：孝文以爲繁禮飾貌，無益於治，躬化謂何耳。謂何，如何也。言禮貌不足恃，但問躬化如何耳。

儒林傳曰，爲治者不至多言，顧力行何如耳。

經傳釋詞第二

經傳釋詞弟三

惟　唯　維　雖

高郵王引之

惟、發語詞也、書皋陶謨曰、惟帝其難之、洪範曰、惟十有三祀、哀六年左傳引夏書曰、惟彼陶唐、是也、字或作唯、或作維、家大人曰、亦作雖、文十七年左傳曰、雖敝邑之事君、何以不免、言惟敝邑之事君也、又曰、雖我小國、則蔑以過之矣、言惟我小國也、隱十一年傳、唯我鄭國之有請謁焉、文義相似、昭九年曰、伯父若裂冠毀冕、拔本塞原、專棄謀主、雖戎狄其何有余一人、言伯父猶暴蔑宗周、惟彼戎狄、於余一人何有也、杜注、訓父猶然、則雖戎狄無所可責、文義未安墨子尚賢篇曰故唯昔三代聖王、堯舜禹湯文武之所以王天下正諸侯者、又曰故雖昔者三代暴王、桀紂幽厲之所以失損其國家傾覆其社稷者、雖、卽唯也、唯雖古字通、互見雖字下其在句中助語者皋陶謨曰百工惟時大誥曰予惟小子召誥曰無疆惟休亦無疆惟恤是也、

惟、獨也、常語也、或作唯維、家大人曰亦作雖、莊子庚桑楚篇曰唯蟲能蟲、唯蟲能天、釋文曰唯一本作雖、又詩抑曰女雖湛樂從、弗念厥紹、言女惟湛樂之從也、書無逸曰惟耽樂之從、文義正與此同、箋曰、女君臣雖好樂嗜酒而相從、不當念繼女之後人、將效女所爲乎失之管

子君臣篇曰故民迂則流之民流通則迂之決之則行塞之則止雖有明君能決之又能塞之言惟有明君能如此也楚辭離騷曰余雖脩姱以鞿羈兮今本脩上有好字臧氏用中以王注校之知為衍文說見讀書雜志言余惟有此脩姱之行以致為人所係累也王注言己雖有絕遠之智姱好之姿然己為讒人所鞿羈而係累矣失之楚策曰雖無出兵甲席卷常山之險折天下之脊天下後服者先亡言秦惟無出兵出兵則天下不能當也莊子人間世篇曰若唯無詔王公必將乘人而鬬其捷史記留侯世家曰楚唯無彊六國立者復橈而從之文義並與此同薛綜注東京賦曰惟有也書酒誥曰我聞惟曰我聞亦惟曰皆言我聞有此語也詩六月曰比物四驪閑之維

則言開之有法也。

惟猶乃也。書盤庚曰：「非予自荒茲德，惟女含德，不惕予一人。」詩文王曰：「周雖舊邦，其命維新。」是也。文選甘泉賦李善注曰：「惟，是也。」書康誥曰：「人有小罪非眚，乃惟終。」又曰：「乃有大罪非終，乃惟眚災。」多方曰：「非我有周秉德不康寧，乃惟爾自速辜。」是也。

玉篇曰：「惟，爲也。」書臯陶謨曰：「萬邦黎獻，共惟帝臣。」某氏傳曰：「萬國衆賢，共爲帝臣。」酒誥曰：「我民用大亂喪德，亦罔非酒惟行；越小大邦用喪，亦罔非酒惟辜。」傳曰：「亦無非以酒爲行，亦無不以酒爲罪。」

惟、猶以也。書盤庚曰、亦惟女故、以丕從厥志。詩狡童曰、維子之故、使我不能餐兮。僖二年左傳曰、冀之既病、則亦唯君故。五年曰、桓莊之族何罪、而以爲戮、不唯偪乎。是也。

惟、猶與也、及也。詩無羊曰、牧人乃夢、衆維魚矣、旐維旟矣。箋曰、牧人乃夢見人衆相與捕魚、又夢見旐與旟。是下維字訓爲與。與上維字異義也。靈臺曰、虡業維樅、賁鼓維鏞。下維字亦當訓爲與。謂賁鼓與鏞也。正義曰、懸賁之大鼓及維鏞之大鍾。於維上加及字以釋之、不知維卽及也。又書禹貢曰、齒革羽旄惟木。酒誥曰、百僚庶尹惟亞、惟服宗工、越百姓里居、多方曰、告爾四國多方惟爾殷侯尹民、下文曰、告爾有方多士、暨殷多士、文義正與此同、魯語曰、與百官之政事師尹、維旅牧相、宣序民事、政、與正通、爲長謂之正、任職謂之事、政事師尹旅牧相皆官名、維、與也、謂百官之政事師尹與旅牧相也、韋注引三君云、維、陳也、旅牧相皆百官政事之所及也、失之、辨見經義述聞、惟字竝與與同義、

云　員

云、言也、曰也、常語也、

云、猶是也、詩正月曰、有皇上帝、伊誰云憎、言伊誰是憎也、何人斯曰、伊誰云從、維暴之云、言伊誰是從也、毛傳曰、云、言也、此釋下云字、非釋上云字、言伊誰是從乎、維暴公之言也、鄭箋曰、是言從誰生乎、則誤訓上云字爲言矣、

家大人曰、云、猶有也、或通作員、詩元鳥箋曰、員、古文云、廣雅曰、員、

云、有也。文選陸機荅賈長淵詩注引應劭漢書注曰、云、有也。書秦誓曰、雖則員然今本員作云、乃衛包所改、茲據山井鼎七經孟子考文所引古本、及漢書韋賢、李尋二傳注所引更正。言雖則有然也。某氏傳曰、前雖有云然之過、加有字於云然之上以釋之、不知云卽有也。文二年公羊傳曰、大旱之日短而云災、故以災書。此不雨之日長而無災、故以異書也。云災與無災對文、是云爲有也。何注、云、言也、言有災、亦不知云卽有也。楊倞注荀子非十二子篇引愼子曰、云能而害無能則亂也言有能而害無能之人、則必亂也。又荀子儒效篇曰、故人無師無法而知、則必爲盜、勇則必爲賊、云能則必爲亂、人有師有法而知、則速通、勇則速威、云能則速成、言無師無法而有能則必爲亂有師有法而有能則其成必速也楊注曰云能自言其能也失之法行篇曰曾子曰詩曰轂己破碎乃大其輻事己敗矣乃重大息其云益乎云益有益也

家大人曰云猶或也或與有古同聲而通用見或字有字下故云訓爲有又訓爲或書秦誓曰日月逾邁若弗員來衞包改員爲云今據正義及七經孟子考文更正言若弗或來也詩抑曰無曰不顯莫予云覯言莫予或覯也桑柔曰民有肅心荓云不逮言使或不逮也又曰爲民不利如云不克言如或不克也以上三條正義皆誤解云字魯語曰帥大讎以憚小國其誰云

待之言誰或禦之也、韋注曰、待、猶禦也、晉語曰、其誰云弗從、言誰或不從也、韋注曰、誰有不從、有、亦或也、又曰、內外無親、其誰云救、之言誰或救之也、韋注曰、云、言也、失之、墨子公孟篇曰、鳧魚可謂愚矣、禹湯猶云因焉、言鳧魚雖愚、禹湯猶或因之也、上文曰、今鳧聞熱旱之憂、則高、魚聞熱旱之憂、則下、當此、雖禹湯爲之謀、必不能易矣、

家大人曰、云、猶如也、如與或義相近、列子力命篇曰、管夷吾有病、小白問之曰、仲父之病疾矣、不可諱、今本不可誤作可不、莊子徐無鬼篇亦誤、今據張湛注乙正、管子戒篇小稱篇竝作不可諱、魏策曰、公叔病卽不可諱、將柰社稷何、云至於大病、則寡人惡乎屬國而可、言如至於大病也、禮記檀弓曰、子之病革矣、如至乎大病、則如之何、文義正與此同、張湛以云字屬上讀、失之、

家大人曰、云猶然也、僖二十九年左傳、介葛盧聞牛鳴曰、是生三犧、皆用之矣、其音云、言其音然也、史記周本紀曰、其色赤、其聲魄云、言其聲魄然也、集解引馬注、太誓曰、魄然、安定意也、封禪書曰、秦文公獲若石云于陳倉北阪、言若石然也、又曰、若雄雉、其聲殷云、言其聲殷然也、漢書郊祀志顏注、以云爲傳聲之亂、則誤讀爲紛紜之紜矣、

云、發語詞也、詩卷耳曰、云何吁矣、簡兮曰、云誰之思、君子偕老曰、云如之何、風雨曰、云胡不夷、何人斯曰、云不我可、桑柔曰、云徂何往、雲漢曰、云我無所、云如何里、是也、說者多訓云爲言、失之、

云、語中助詞也。詩雄雉曰、道之云遠、曷云能來。言道之遠、何能來也。四月曰、我日構禍、曷云能穀。言何能穀也。瞻卬曰、人之云亡。言人之亡也。云皆語助耳。說者多訓爲言、失之。

僖十五年左傳曰、歲云秋矣。成十二年曰、日云莫矣。亦以云爲語助。

云、語已詞也。詩出其東門曰、聊樂我員。正義曰、云員古今字、助句辭也。大戴禮夏小正傳曰、蓋記時也云。禮記樂記曰、故聖人曰禮樂云。是也。

云爾、云乎、皆語已詞也。宣元年公羊傳曰、猶曰無去是云爾。隱元年穀梁傳曰、猶曰取之其母之懷中而殺之云爾、論語述而篇曰、不知老之將至云爾、莊十四年公羊傳曰、棗栗云乎、腶脩云乎、大戴禮曾子天圓篇曰、而聞之云乎、論語陽貨篇曰、玉帛云乎哉、是也

有

有、猶或也、故莊二十九年穀梁傳曰、一有一亾曰有、易姤九五曰、有隕自天、言或隕自天也、書盤庚曰、乃有不吉不迪、顛越不恭、暫遇姦宄、乃有、乃或也、多士曰、朕不敢有後、孟子梁惠王篇引書曰、天下曷敢有越厥志、敢有、敢或也、朕不敢有後、言我奉天之命、遷爾於雒邑、不敢或後也、某氏傳曰、不敢有後誅、失之、詩載馳曰、大夫君子、無我有尤、言無我或尤也、又春秋凡

言曰有僉之者皆謂曰或僉之也有與或古同聲而義亦相通詳見或字下

有猶又也詩終風曰終風且曀不日有曀文王曰宣昭義問有虞殷自天既醉曰昭明有融又曰令終有俶儀禮士相見禮曰某子命某見吾子有辱箋注竝曰有又也有又古同聲故又字或通作有易繫辭傳履信思乎順又以尚賢也鄭虞本又竝作有考工記弓人量其力有三鈞禮記內則三王有乞言鄭注竝曰有讀爲又易蠱彖傳曰終則有始天行也言終則又始也王弼注終則復始禮記玉藻曰既搢必盥雖有執於朝弗有盥矣言搢笏

之時既盥則後雖有執事於朝、不須又盥也、晉語曰、德廣賢至、有何患矣、言又何患也（上文曰、親以無災、又何患焉、）管子宙合篇曰、天地萬物之橐、宙合有橐天地、言又橐天地也、孟子梁惠王篇曰、王曰、若是其甚與、曰、殆有甚焉、言殆又甚也、滕文公篇曰、逸居而無教、則近於禽獸、聖人有憂之、言聖人又憂之也（又字承上文憂洪水而言）莊子徐無鬼篇曰、我則勞於君、君有何勞於我、（釋文、勞、力報反、）言君又何勞於我也、荀子王霸篇曰、知者之知、固以多矣、（以、與已同、）有以守少、能無察乎、愚者之知、固以少矣、有以守多、能無狂乎、言又以守少、又以守多也、呂氏春秋胥時篇曰、王季歷困而彖文王苦之有不忘羑里之醜言又不忘羑里之醜也秦策曰齊魏有何重於孤國也言又何重於孤國也上文曰秦又何重孤國今之學者但讀十有一月十有二月之有爲又而他無聞焉俗師失其讀也有又古同聲故又通作有有亦通作又詩臣工曰嗟嗟保介維莫之春亦又何求言亦有何求也正義曰亦有何所求施於民乎周語曰是三子也吾又過於四之無不及言有過之無不及也又曰作又不節害之道也言作有不節也上文已言作事不節此覆舉上文不當言又故知又爲有之偕字荀子議兵篇曰人之情雖桀跖豈又肯爲其所惡賊其所好者哉豈又豈有也又儀禮鄉射禮記唯

君有射於國中古文有作𠬪石鼓文濿又小魚詛楚文又秦嗣王竝以又爲有、

家大人曰、有、猶爲也、周語曰胡有孑然其效戎狄也言胡爲其效戎狄也晉語曰、克國得妃其有吉孰大焉言其爲吉孰大也昭五年左傳曰、其爲吉孰大焉、孟子滕文公篇曰、人之有道也飽食煖衣逸居而無敎則近於禽獸言人之爲道如此也若言民之爲道也、有恒產者有恒心、無恒產者無恒心矣爲有一聲之轉故爲可訓爲有、有亦可訓爲爲互見爲字下、

有、狀物之詞也、若詩桃夭有蕡其實是也他皆放此、

有語助也一字不成詞則加有字以配之若虞夏殷周皆國名而曰有虞有夏有殷有周是也凡國名之上加有字者放此推之他類亦多有此故邦曰有邦書皋陶謨曰亮采有邦又曰無教逸欲有邦家曰有家皋陶謨曰夙夜浚明有家易家人初九曰閑有家室曰有室立政曰乃有室大競廟曰有廟易萃渙二卦彖辭並曰王假有廟居曰有居書盤庚曰民不適有居方曰有方多方曰告猷爾有方多士夏曰有夏君奭曰尚克脩和我有夏濟曰有濟僖二十一年左傳曰實司大皞與有濟之祀北曰有北昦曰有昦詩巷伯曰投畀有北又曰投畀有昦帝曰有帝昭二十九年左傳曰孔甲擾于有帝王曰有王書召誥曰有王雖小司曰有司正曰有正酒誥曰庶士有正越庶伯君子僚曰有僚雒誥曰伻嚮即有僚明作有功民曰有民皋陶謨曰予欲左右有民眾曰有眾湯誓曰今

爾有衆、盤庚曰、其有衆咸造、幼曰有幼、盤庚曰、無弱孤、有幼、政曰有政、論語爲政篇引書曰、友于兄弟、施于有政、事曰有事、易震六五曰、无喪有事、功曰有功、見上有僚下、比曰有比、盤庚曰、曷不暨朕幼孫有比、極曰有極、洪範曰、皇建其有極、又曰、會其有極、歸其有極、梅曰有梅、詩曰、摽有梅、的曰有的、賓之初筵曰、發彼有的、三宅曰三有宅、三俊曰三有俊、書立政曰、乃用三有宅、克即宅、曰三有俊克即俊、三事曰三有事、詩十月之交曰、擇三有事、說經者未喻屬詞之例、往往訓爲有無之有、失之矣

或

易乾文言曰、或之者、疑之也、管子白心篇曰、夫或者何、若然者也、墨子小取篇曰、或也者、不盡然也、此常語也、

或猶有也、尚書古義曰、無有作好、遵王之道、無有作惡、遵王之路、呂覽引此有作或、貴公篇、高誘曰、或有也、古有字通作或、商書曰、殷其弗或亂正四方、多士云、時予乃或言、傳皆云、或有也、鄭康成注論語亦云、或之言有也、爲政篇或謂孔子曰注、韓非子曰、無或作利、從王之指、無或作惡、從王之路、有度篇引先王之法曰、文雖異、然亦以或爲有、引之案易益上九曰、莫益之、或擊之、或與莫相對爲文、莫者、無也、或者、有也、故考工記梓人曰、毋或若女不寧侯、禮記祭義曰、庶或饗之、孟子公孫丑篇曰、夫既或治之、趙鄭注及廣雅、小爾雅竝曰、或有也、高誘注淮南本經說林二篇同、又殷其弗或亂正四方、史記宋世家或作有無逸乃或亮陰、曾世家或作有亦罔或克壽、漢書鄭崇傳或作有、大戴禮五帝德篇、小子無有病問、家語有作或月令無有斬伐、呂氏春秋季夏篇有作或左傳莊三十二年、故有得神以興亦有以亾周語有竝作或哀七年、曹人或夢衆君子立于社宮而謀亾曹、史記曹世家或作有、周語、而或專之其害多矣史記周本紀或作有、葢或字古讀若域有字古讀若以、說見唐韻正、二聲相近、故曰或之言有也聲義相通則字亦相通說文或邦也從口戈以守一、一、地也、或從土作域詩元鳥正域彼四方、傳曰、域有也、域之訓爲有，猶或之訓爲有也。或之通作有，猶元鳥之「奄有九有」，韓詩作「九域」也。見文選冊魏公九錫文注。荀子禮論篇「人有是，士君子也；外是，民也」，史記禮書有作域。或有同義，則可以互訓，故「不其或稽」，盤庚「不其有稽」也；「曷其有佸」，詩君子于役「曷其或佸」也；「不敢有後」，多士「不敢或後」也；「莫敢或遑」，詩殷其靁「莫敢有遑」也；「未之有舍」，檀弓曰「自上世以來，未之有舍也」「未之或舍」也；「未之或失」，昭十三年左傳曰「自古以來，未之或失也」「未之有失」也；「毋有不當」，月令「毋或不當」也；「毋或不良」，同上「毋有不良」也；「有渝此盟」，僖二十八年左傳「或渝此盟」也；「或閒茲命」，襄十一年「有閒茲命」也。「君子之道，或出或處，或默或語」，繫辭傳「或」亦「有」也。「禮有大有小，有顯有微」，禮器「有」亦「或」也。是或

有二字、隨舉一言而其義皆通也、

或、猶又也、詩賓之初筵曰、既立之監、或佐之史、言又佐之史也、禮記檀弓曰、父死之謂何、或敢有他志以辱君義、晉語或作又、上文曰、父死之謂何、又因以爲利、哀元年左傳曰、今吳不如過、而越大於少康、或將豐之、不亦難乎、史記吳世家作又將寬之、賈子保傅篇曰、鄙諺曰、不習爲史、而視己事、又曰、前車覆、後車戒、韓詩外傳又曰作或曰、或古讀若域、又古讀若異、說見唐韻正、二聲相近、故義相通、而字亦相通、或之通作又、猶或之通作有矣、

或、語助也、詩天保曰、如松柏之茂、無不爾或承、言無不

爾承也、或語助耳、箋曰、或之言有也、亦謂語助之有、無意義也、

抑　意　噫　億　懿

抑詞之轉也、昭八年左傳注曰、抑、疑辭、常語也、字或作意、周語曰、敢問天道乎、抑人故也、賈子禮容語篇抑作意、論語學而篇、求之與、抑與之與、漢石經作意、墨子明鬼篇曰、豈女爲之與、意鮑爲之與、莊子盜跖篇曰、知不足邪、意知而力不能行邪、意並與抑同、字又作噫、又作億、又作懿、聲義並同也、書金縢曰、二公及王、乃問諸史與百執事、對曰、信、噫、公命我勿敢言、釋文曰、噫、馬本作

懿猶億也。家大人曰：噫懿億竝與抑同，信爲一句，噫公命我勿敢言爲一句，言信有此事，抑公命我勿敢言之也。易震六二曰：億喪貝。王弼注曰：億，辭也。釋文曰：億本又作噫。禮記文王世子注曰：億可以爲之也。釋文曰：億本又作噫。莊子在宥篇曰：意治人之過也。釋文曰：意，本又作噫。外物篇曰：夫流遁之志，決絕之行，噫其非至知厚德之任與！新序雜事篇曰：噫將使我追車而赴馬乎，投石而超距乎，逐麋鹿而搏豹虎乎，噫將使我出正辭而當諸侯乎，決嫌疑而定猶豫乎。韓詩外傳噫作意。楚語曰：作懿戒以自儆。韋注曰：懿，詩大雅抑之篇也。懿讀

之曰抑、是抑意噫億懿五字竝同也、故馬注曰、懿猶億也、某氏不知噫爲抑之假字而以爲恨辭失之矣、

抑、發語詞也昭十三年左傳晉侯使叔向告劉獻公曰、抑齊人不盟若之何十九年寡君與其二三老曰、抑天實剝亂是吾何知焉、晉語苦成叔子曰、抑年少而執官者衆吾安容子、或作噫意詩十月之交曰、抑此皇父釋文引韓詩曰、抑、意也、莊子大宗師篇許由曰噫未可知也釋文曰、噫、崔云、辭也、本亦作意、

抑亦、亦詞之轉也昭三十年左傳曰其抑亦將卒以祚吳乎、論語子路篇曰、抑亦可以爲次矣是也或作意亦、

或作噫、亦或作億、亦聲義並同也。易繫辭傳曰：噫亦要存亡吉凶、則居可知矣。釋文曰：噫、於其反、王肅於力反、辭也。馬同。引之案、馬王說是也。噫亦即抑、亦也。抑通作噫、已見上條。大戴禮武王踐阼篇曰：黃帝顓頊之道存乎、意亦忽不可得見與。荀子脩身篇曰：將以窮無窮、逐無極與、意亦有所止之與。秦策曰：誠病乎、意亦思乎。史記吳王濞傳曰：億亦可乎。漢書作意、亦字並與抑亦同。正義以爲噫乎發歎、及釋文於其反之音、皆失之矣。

或言意者。者、亦疑詞也。管子小問篇曰：意者君乘駮馬而洀桓、迎日而馳乎。晏子雜篇曰：意者非臣之罪乎。墨子公孟篇曰、意者先王之言有不善乎、莊子天運篇曰、意者其有機緘而不得已邪、意者其運轉而不能自止邪、意者、或作抑者、漢書敘傳曰、其抑者從横之事復起於今乎、是也、意者之言或者也、故易乾文言曰、或之者、疑之也、廣雅曰、意、疑也、韓詩曰、抑、意也、杜注左傳曰、抑、疑辭、義竝同矣

一　壹

一、猶皆也、詩北門曰、政事一埤益我、言政事皆埤益我也、箋曰、國有賦稅之事、則減彼一而以益我、失之、今從朱傳、禮記大傳曰、五者一得於天下、民無不足、無不贍者、言五者皆得於天下也、大

戴禮衛將軍文子篇曰、若吾子之語審茂、則一諸侯之相也、盧辯注曰、一、皆也、家語弟子行篇一作壹、王肅注同、莊十六年穀梁傳曰、不言公、外內寮一疑之也、言外內諸侯皆疑之也、范注曰、外內同一疑公、字或作壹、禮記三年問曰、壹使足以成文理、王肅注曰、壹、皆也、見荀子禮論注、

一、猶或也、莊二年穀梁傳曰、其一曰君在而重之也、文十八年曰、一曰就賢也、一曰或曰也、大戴禮夏小正傳曰、一則在本、一則在末、禮記樂記曰、一動一靜者、天地之閒也、昭元年左傳曰、疆埸之邑、一彼一此、何常之有、五年曰、一臧一否、其誰能常之、莊十八年穀梁傳曰、一

有一亾曰有、僖八年曰、一則以宗廟臨之而後貶焉、一則以外之弗夫人而見正焉、論語里仁篇曰、一則以喜、一則以懼、爾雅曰、泉一見一否爲瀸、井一有水一無水爲瀱汋、以上諸一字、竝與或同義、

一、猶乃也、呂氏春秋知士篇曰、靜郭君之於寡人、一至此乎、高注曰、一、猶乃也、又貴直篇曰、士之遬弊、一若此乎、史記商君傳曰、爲法之敝、一至此哉、義竝同也、

一、語助也、昭二十年左傳曰、君一過多矣、何信於讒、管子霸形篇曰、今楚王之善寡人一甚矣、晏子春秋諫篇曰、寡人一樂之、是欲、莊子大宗師篇曰、固有無其實而

得其名者乎、回一怪之、燕策曰、此一何慶弔相隨之速也、以上諸一字、皆是語助、字或作壹、禮記檀弓曰、子壹不知夫喪之踊也、正義曰、言我專壹不知夫喪之踊也、何須有節、失之、又曰、子之哭也、壹似重有憂者、正義曰、壹者、決定之辭、失之、大學曰、自天子以至於庶人、壹是皆以脩身爲本、言是皆以脩身爲本也、壹、語助耳、鄭注曰、壹是專行是也、失之、大戴禮小辯篇曰、微子之言、吾壹樂辯言、成十六年左傳曰、敗者壹大、襄二十一年曰、今壹不免其身以棄社稷、不亦惑乎、以上諸壹字、亦皆是語助、

亦

亦、承上之詞也、若書康誥曰、怨不在大、亦不在小、是也、

昭十七年公羊傳注曰、亦者、兩相須之意、常語也、有不承上文而但爲語助者、若易井彖辭曰、亦未繘井、書皋陶謨曰、亦行有九德、詩草蟲曰、亦既見止、是也、其在句中助語者、若書盤庚曰、予亦拙謀作乃逸、詩文王曰、凡周之士、不顯亦世、不顯亦世、言其世之顯也、不與亦皆語助耳、箋以亦爲承上之詞、失之、互見不字下、思齊曰、不顯亦臨、無射亦保、傳曰、以顯臨之保安無厭也、則不字與兩亦字、皆爲語助、明矣、箋說皆誤、互見不字下、又曰、不聞亦式、不諫亦入、是也、兩不字兩亦字、皆語助、言聞善言則用之、進諫則納之也、傳箋皆誤、互見不字下、

凡言不亦者、皆以亦爲語助、不亦說乎、不說乎也、不亦樂乎、不樂乎也、不亦君子乎、不君子乎也、趙岐注孟子

滕文公篇曰、不亦者、亦也、失之、

凡言盍亦者、亦以亦爲語助、盍亦求之、盍求之也、左傳僖二十四年、子盍亦遠績禹功而大庇民乎、盍遠績禹功而大庇民也、昭元年、王其盍亦鑑於人、盍鑑於人也、吳語、盍亦反其本矣、盍反其本也、孟子梁惠王篇、

伊　緊

伊、維也、常語也、字或作緊、襄十四年左傳曰、王室之不壞、緊伯舅是賴、正義曰、王室之不傾壞者、唯伯舅是賴也、唯與維同、又隱元年曰、爾有母遺、緊我獨無、言維我獨無也、

伊是也、詩雄雉曰、自詒伊阻、小明曰、自詒伊戚、與此同。蒹葭曰、所謂伊人、白駒曰、所謂伊人、與此同。東山曰、伊可懷也、正月曰、伊誰云憎、何人斯曰、伊誰云從、與此同。鄭箋竝曰、伊當作緊、緊是也、其作緊者周語曰、此一王四伯豈緊多寵、皆亾王之後也、吳語曰、君王之於越也、緊起死人而肉白骨也、韋注竝曰、緊、是也、僖五年左傳曰、民不易物、惟德緊物、釋文與韋注同、又宣二年左傳曰、我之懷矣、自詒伊慼、詩雄雉正義引作自詒緊慼、緊亦是也、正義曰、箋以宣二年左傳自詒緊慼、小明云自詒伊慼、爲義既同、明伊有義爲緊者、故此及蒹葭東山白駒、各以伊爲緊、小明不易者、以伊慼之文與傳正同、爲緊可知、據此則孔氏所見左傳作緊也、今本正義引左傳作伊者、後人以今本左傳改之耳、不知左傳作緊、詩作伊、乃爲伊緊相通之證、若傳不作緊、何以云明伊有義爲緊者、且云爲緊可知乎、僖二十四年傳曰、自詒伊慼、亦當作緊、以傳內緊我獨無惟德緊物、緊伯舅是賴例之、則作緊者、左傳原文也、後人據毛詩改作伊耳、陸氏左傳釋文於自詒緊慼不出緊字之音、則所據本已誤作伊、竊疑孔氏詩正義所據爲賈服諸家之本、而陸氏左傳釋文則據杜預本也、

伊有也、詩頍弁曰、豈伊異人、箋曰、豈有異人疏遠者乎、是也、又我將曰伊嘏文王、伊有也發語詞也、嘏、大也、正義以毛於嘏字皆訓爲大、此嘏亦爲大也、大哉文王、歎美之也、詩凡言思文后稷、於皇武王、允文文王、於赫湯孫、皆歎美之詞、箋曰、維受福於文王、王肅曰、維天乃大文王之德、文義皆未安、說見經義述聞、伊嘏文王、有皇上帝、文義相類、

夷

夷語助也周官行夫曰居於其國則掌行人之勞辱事焉句使則介之劉昌宗以焉使連讀辯見經義述聞鄭注曰使故書曰夷使夷發聲是也詩瞻卬曰蟊賊蟊疾靡有夷屆罪罟不收靡有夷瘳言為害無有終極如病無有愈時也夷語助也傳箋訓夷為常則與屆字瘳字文義不相屬昭二十四年左傳曰紂有億兆夷人言有億兆人也杜注曰兼有四夷東晉泰誓傳曰夷人平人皆失之孟子盡心篇曰夷考其行而不掩焉者也夷亦語助趙注曰夷平也平考其行殊無意義言考其行而不掩也夷語助也又周官職方氏曰其川虖池嘔夷嘔夷滋水也水經滋水注曰滋水卽漚夷之水漚與嘔同嘔之言滋嘔滋古音相近夷其語助與

洪

洪、發聲也。大誥曰：洪惟我幼沖人。多方曰：洪惟圖天之命。皆是也。解者皆訓爲大，失之。

庸

庸，詞之用也。書皐陶謨曰：帝庸作歌。襄二十五年左傳曰：庸以元女大姬配胡公，而封諸陳。杜注曰：庸，用也。是也。

庸，猶何也，安也，詎也。莊十四年左傳曰：庸非貳乎。僖十五年曰：晉其庸可冀乎。宣十二年曰：庸可幾乎。襄十四年曰：庸知愈乎。三十年曰：其庸可媮乎。昭十年曰：庸愈乎十二年曰其庸可棄乎哀十二年曰庸爲直乎晉語曰吾庸知天之不授晉且以勸荆乎莊三十二年公羊傳曰庸得若是乎何注曰庸猶傭傭無節目之辭失之呂氏春秋下賢篇曰吾庸敢驁霸王乎皆是也庸與何同意故亦稱庸何文十八年昭元年左傳及魯語竝曰庸何傷襄二十五年左傳曰將庸何歸承上文君死安歸言之也杜注曰將用死亡之義何所歸趣失之庸猶何也庸與安同意故亦稱庸安荀子宥坐篇曰女庸安知吾不得之桑落之下庸猶安也庸與詎同意故亦稱庸詎莊子齊物論篇曰庸詎知吾所謂知之非不知邪庸詎知吾所謂不知之非知邪楚詞哀時命曰庸

詎知其吉凶、庸猶詎也、或曰庸孰、大戴禮記曾子制言篇曰、則雖女親、庸孰能親女乎、庸孰、猶庸詎也、解者多訓爲用、失之、

台 音飴

台猶何也、如台、猶奈何也、書湯誓夏罪其如台、史記殷本紀作有罪其奈何、高宗肜日、乃曰其如台、殷本紀作乃曰其奈何、西伯戡黎今王其如台、殷本紀作今王其奈何、是古謂奈何爲如台也、盤庚卜稽曰其如台、亦謂卜問曰其奈何也、法言問道篇莊周申韓不乖寡聖人而漸諸篇、則顏氏之子閔氏之孫其如台、言三子若不

詆訾聖人則顏閔之徒其柰之何也、朱咸注、台、我也、失之、漢書敘傳矧乃齊民作威作惠如台不匡禮法是謂言游俠之徒以齊民而作威作惠如此柰何不匡之以禮法也如淳注、台、我也、我國家也、失之、文選典引伊考自遂古乃降戾爰茲作者七十有四人今其如台而獨闕也言今其柰何而獨闕也蔡邕郭有道碑文今其如何而闕斯禮句法本此、李善注及李賢後漢書班固傳注竝曰、台、我也、失之、蓋漢時說尚書者皆以如台爲柰何故馬班子雲竝師其訓自某氏傳訓台爲我而其義遂不可通、段氏若膺尚書撰異辨之詳矣、爾雅、台、我也、此非台小子之台、非如台之台、

經傳釋詞弟三

經傳釋詞弟四

高郵王引之

惡　烏

惡、猶安也何也、字亦作烏高注呂氏春秋本生篇曰、惡安也、又注明理篇曰、烏、安也、桓十六年左傳曰、棄父之命惡用子矣、昭三十一年公羊傳曰、惡有言人之國賢若此者乎、何注曰、惡有、猶何有寧有、又禮記檀弓曰、吾惡乎用吾情、桓六年公羊傳曰、惡乎淫、何鄭注竝曰、惡乎、猶於何也、又莊十二年公羊傳曰、魯侯之美惡乎至、注曰、惡乎至、猶何所至、孟子梁惠王篇曰、天下惡乎定趙注曰、問天下安所定、由莊十二年公羊傳注及孟子注推之、則惡乎用吾情、卽何所用吾情、惡乎淫、卽何所淫、大戴禮武王踐阼篇曰、惡乎危、惡乎失道、惡乎相忘、檀弓曰、吾惡乎哭諸、又曰、有亡惡乎齊、論語里仁篇曰、惡乎成名、孟子公孫丑篇曰、敢問夫子惡乎長、莊子齊物論篇曰、道惡乎隱而有眞僞、言惡乎隱而有是非、義竝與此同蓋惡本訓何、惡乎猶言何所、不必訓爲於何也、又大戴禮武王踐阼篇曰、惡有藏之約、行之行、萬世可以爲子孫常者乎、史記外戚世家曰、惡能識乎性命哉、漢書竇田灌韓傳贊曰、惡能救斯敗哉、司馬相如傳曰、齊楚之事、又烏足道乎、義竝與安同、而說者亦訓爲於何、斯爲謬矣、惡、不然之詞也。孟子公孫丑篇曰、惡、是何言也。莊子人閒世篇曰、惡、句惡可。上惡字不然之詞、下惡字訓爲安。荀子法行篇曰、惡、句賜、句是何言也。皆是也。又韓子難篇曰、啞、是非君人者之言也。啞、與惡同。

侯

爾雅曰、伊、維、侯也。詩六月曰、侯誰在矣。傳曰、侯、維也。爾雅曰、侯、乃也。詩文王曰、商之孫子、其麗不億。上帝既命、侯于周服。言商之子孫甚衆、而上帝既命文王之後、乃臣服于周也。王肅訓侯爲維、義得兩通。蕩之侯作侯祝、亦可訓爲乃、侯，何也。呂氏春秋觀表篇曰：今侯渫過而不辭，高誘注曰：侯，何也。漢書司馬相如傳曰：君乎君乎，侯不邁哉。李奇注與高誘同。見文選封禪文注。

遐　瑕

遐，何也。詩南山有臺曰：樂只君子，遐不眉壽。隰桑曰：心乎愛矣，遐不謂矣。棫樸曰：周王壽考，遐不作人。遐不，皆謂何不也。禮記表記引詩作瑕不謂矣，鄭注曰：瑕之言胡也。傳箋皆訓遐爲遠，失之。

號

號，何也。荀子哀公篇曰：魯哀公問於孔子曰：紳委章甫有益於仁乎、孔子蹴然曰、君號然也、家語好生篇作君胡然焉、何也、胡也、奚也、遐也、侯也、號也、曷也、盍也、盍爲何不而又爲何、說見盍字下、一聲之轉也、

曷　害

曷、何也、常語也、字亦作害、詩葛覃曰、害澣害否、是也、家大人曰、爾雅曰、曷、盍也、郭注曰、盍何不也、書湯誓曰、時日曷喪、詩有杕之杜曰、中心好之、曷飲食之、曷、皆謂何不也、說者竝訓爲何、失之、

盍　蓋　闔

盍、何不也、常語也、字亦作蓋、禮記檀弓曰、子蓋言子之

志於公乎是也。

家大人曰、廣雅曰、盍、何也。楚辭九歌曰、盍將把兮瓊芳。王注曰、盍、何也。言靈巫何持乎、乃復把玉枝以爲香也。今本作盍、何不也。不字乃後人所加。注言靈巫何持、則訓盍爲何明矣。而今本文選所載王注、又改何持爲何不持、以從五臣之謬解。蓋後人但知盍爲何不、而不知其又訓爲何、故紛紛妄改耳。管子戒篇曰、盍不出從乎。君將有行。尹知章注曰、君將有行、何不出從乎。盍、何也。今本作盍、何不也。不字亦後人所加。侈靡篇作公將有行、胡不送公。胡不、卽盍不。莊子盜跖篇曰、盍不爲行。釋文曰、盍、何也。勸何不爲德行。今本作盍、何不也。不字亦後人所加。字亦作蓋、又作闔。莊子養生主篇曰、善哉技蓋至此乎。言技之善何至於此也。秦策曰、勢位富貴葢可忽乎哉、言何可忽也、褚少孫續史記三代世表曰。豈可以忽乎哉、管子小稱篇曰、闔不起爲寡人壽乎、莊子徐無鬼篇曰、闔不亦問是已、闔不何不也、葢爲何不而又爲何、曷爲何而又爲何不、見曷字下聲近而義通也、故爾雅曰、曷、葢也、廣雅曰、曷、葢何也、學者失其義久矣、

許

李善注文選曰、許、猶所也、謝朓在郡臥病詩、墨子非樂篇曰、舟車既以成矣、曰、吾將惡許用之、言吾將何所用之也、許所聲近而義同、說文、所、伐木聲也、詩曰、伐木所所、今詩作許許、阮籍詠懷詩、良辰在何許、何許、卽何所、

行

顏師古注漢書楊雄傳曰，行，且也。案，李善注文選洞簫賦、魏文帝與吴質書竝云，行，猶且也。詩十畝之間曰，行與子還兮。又曰，行與子逝兮。言且與子歸，且與子往也。

況　兄　皇

廣韻曰，況，矧也。常語。

廣韻曰，況，匹擬也。楊倞注荀子非十二子篇曰，況，比也。顏師古注漢書高惠高后文功臣表曰，況，譬也。亦常語。

況，猶與也，如也。閔元年左傳曰，猶有令名，與其及也。王肅注曰，雖去猶有令名，何與其坐而及禍也。何與，猶何如也。說見與字下。二年傳曰，與其危身以速罪也。晉語作況其危身於狄以起讒於內也。況也、與也、如也，並與比擬之義相近。

況，滋也，益也。詩常棣曰：「每有良朋，況也永歎。」出車曰：「僕夫況瘁。」傳、箋並曰：「況，茲也。」（茲與滋同）晉語曰：「眾況厚之。」又曰：「今子曰中立，況固其謀也。」韋注並曰：「況，益也。」益亦滋也。古通作兄，又作皇。桑柔曰：「倉兄填兮。」召旻曰：「職兄斯引。」傳並曰：「兄，茲也。」書無逸曰：「厥或告之曰：小人怨女詈女，則皇自敬德。」漢石經皇作兄，王肅本作況，注曰：「況，滋益用敬德也。」案王說是也。古文作皇者，借字耳。鄭注訓皇為暇，某氏傳訓皇為大，皆於義未安。上文無皇曰，石經亦作兄。秦誓「我皇多有之」，文十二年公羊傳作「而況乎我多有之」。尚書大傳曰：「君子之於人也，有其

語也、無不聽者、皇於聽獄乎、鄭彼注曰、皇、猶況也、是況皇古多通用、

鄉　嚮

鄉、猶方也、字亦作嚮、易隨象傳曰、君子以嚮晦入宴息、言方晦入宴息也、詩庭燎曰、夜鄉晨、言夜方晨也、

汔

汔、幾也、易井彖辭曰、汔至、亦未繘井、未濟彖辭曰、小狐汔濟、濡其尾、鄭虞注竝曰、汔、幾也、詩民勞曰、民亦勞止、汔可小康、箋亦曰、汔、幾也、

汔、其也、昭二十年左傳、孔子引前詩云云、杜注曰、汔、其也、於義亦通、此蓋出三家詩、或是左傳舊注、如此、後漢書班超傳、超妹昭上書引前詩云云、李賢

注亦曰汔其也

歟 與

玉篇曰歟語末辭古通作與皇侃論語學而篇疏曰與語不定之辭高誘注呂氏春秋自知篇曰歟邪也邪俗作耶歟邪二字古並讀若餘莊子天地篇其亂而後治之與釋文與本又作邪又注淮南精神篇曰與邪辭也此皆常語也其在句中助語者禮記檀弓曰誰與哭者又曰夙者如可作也吾誰與歸家大人曰與音餘吾誰與歸與誰與哭者文同一例猶言吾將誰歸也釋文與字無音正義曰吾於衆大夫之內而誰最賢可以與歸與字並讀上聲失之是也與爲問詞與哉同義連言之則曰與哉禮記檀弓曰我弔也與哉論語陽貨篇曰鄙夫可與

事君也與哉是也。猶乎與哉同義，而連言之則曰乎哉也。

與猶兮也。詩潛曰：「猗與漆沮。」那曰：「猗與那與。」猶言猗兮漆沮、猗兮那兮也。晉語「猗兮違兮」是其例。

與猶也也。論語公冶長篇：「於予與何誅？」「於予與改是。」猶言於予也何誅，於予也改是。與邪古同聲，故邪亦與也同義。大戴禮五帝德篇曰：「吾欲以顏色取人，於滅明邪改之；吾欲以語言取人，於予邪改之；吾欲以容貌取人，於師邪改之。」是也。互見邪字下。

邪 以遮反

邪猶歟也，乎也。顏氏家訓音辭篇曰：「邪者，未定之詞。」常語也。

邪，猶兮也。齊策曰：「松邪柏邪，住建共者客邪。」是也。

家大人曰：邪，猶也也。莊子德充符篇曰：「我適先生之所，則廢然而反，不知先生之洗我以善邪。」邪與也同義，猶言日遷善而不自知也。郭象注：「不知先生洗我以善道故邪，為我能自反邪。」失之。在宥篇曰：「豈直過也而去之邪，乃齊戒以言之邪，跪坐以進之邪，鼓歌以儛之邪。」上一邪字與乎同義，下三邪字與也同義。今本無下三邪字者，後人妄刪之也。釋文出「而去之邪」四字而釋之曰：「崔本唯此一字作邪，餘皆作咫。」是陸所見本「去之」「言之」「進之」「儛之」下皆有邪字。崔本則上一邪字作邪，而下三邪字皆作咫也。山木篇曰：「一呼而不聞，再呼而不聞，於是三呼邪，則必以惡聲隨之。」是也。天地篇曰：「始也我以女爲聖人邪今然君子也、然、猶乃也、說見然字下、趙策曰、始吾以君爲天下之賢公子也、吾乃今然后知君非天下之賢公子也、文義與此同天運篇曰甚矣夫人之難說也、道之難明邪、邪亦也耳、

也

玉篇曰也、所以窮上成文也、顏氏家訓書證篇曰也、語已及助句之辭有結上文者若論語亦不可行也之屬是也、有起下文者若夫子至於是邦也之屬是也有在句中助語者若其爲人也孝弟之屬是也、此皆常語也、猶焉也、禮記樂記曰內和而外順則民瞻其顏色而弗與爭也、望其容貌而民不生易慢焉大戴禮曾子立

事篇曰、見善、恐不得與焉、見不善者、恐其及己也、論語里仁篇曰、見賢思齊焉、見不賢而內自省也、也、亦焉也、互文耳、

也、猶矣也、禮記樂記曰、散軍而郊射、左射貍首、右射騶虞、而貫革之射息也、裨冕搢笏、而虎賁之士說劍也、聘義曰、如此、則民順治而國安也、大戴禮衞將軍文子篇曰、其可謂不險也、晉語曰、且夫欒氏之誣晉國久也、（宋明道本如是、今本作且夫欒氏之誣晉國也久矣、乃後人所改、）論語先進篇曰、從我於陳蔡者、皆不及門也、也字竝與矣同義、大戴禮曾子立事篇曰、聽其言也、可以知其所好矣、觀說之流、可以知

其術也、禮記文王世子曰、然而衆知父子之道矣、又曰、然而衆著於君臣之義也、又曰、然而衆知長幼之節矣也、亦矣也、互文耳、故禮記祭義可謂能終矣大戴禮曾子大孝篇矣作也、中庸、民不可得而治矣孟子離婁篇矣作也、

也猶者也、詩權輿曰、今也每食無餘、禮記檀弓曰、古也墓而不墳、又曰、古者冠縮縫、今也衡縫昭十二年左傳曰、古也有志、成十七年穀梁傳曰、不曰至自伐鄭也、公不周乎伐鄭也、上也字與者同義、論語雍也篇曰、今也則亡、子罕篇曰、今也純、陽貨篇曰、古者民有三疾、今也或是之

亾也、是也、孟子盡心篇曰、孩提之童、無不知愛其親者、舊本皆如是、監本者作也、乃後人所改、及其長也、無不知敬其兄也、下也字亦與者同義、

也猶耳也、禮記祭義曰、參直養者也、安能爲孝乎、論語先進篇曰、由也升堂矣、未入於室也、馬融注曰、升我堂矣、未入於室耳、孟子離婁篇曰、子之從於子敖來、徒餔啜也、齊策曰、王亦不好士也、何患無士、是也、

也猶兮也、詩日月曰、乃如之人兮、蝃蝀曰、乃如之人也君子偕老曰、邦之媛也、羔裘曰、邦之彥兮、文義竝同、鳲鳩曰、其儀一兮、心如結兮、禮記緇衣引作其儀一也、淮

南詮言篇引作其儀一也、心如結也、旄邱曰、何其處也、韓詩外傳引作何其處兮、君子偕老曰、玉之瑱也、說文引作玉之瑱兮是也、

也、猶邪也、歟也、乎也、易同人象傳曰、出門同人、又誰咎也、繫辭傳曰、夫易何爲者也、夫易開物成務、冒天下之道、如斯而已者也、上也字是問詞、與邪同義、凡經傳中兩也字相承、上作問詞、下作荅詞者放此、又曰、其故何也、乾文言曰、何謂也、凡言何也何謂也者、皆放此、詩旄邱曰、叔兮伯兮、何多日也、凡上言何而下言也者、放此、儀禮士昏禮記曰、某辭不得命、敢不從也、禮記曲禮曰、奈何去社稷也、檀弓曰、女何無罪也、又曰、如之何其裼裘而弔也、

凡上言如之何而下言也者放此。又曰、若是其靡也。又曰、何爲不去也。
凡上言何爲而下言也者放此。郊特牲曰、豈知神之所饗也。桓十年左
傳曰、吾焉用此、其以賈害也。凡上言其以而下言也者放此。僖五年曰、
且虞能親於桓莊乎、其愛之也。襄二十五年曰、獨吾君
也乎哉、吾死也。昭六年曰、今豆有加、下臣弗堪、無乃戾
也。哀六年曰、女忘君之爲孺子牛而折其齒乎、而背之
也。周語曰、敢問天道乎、抑人故也。晉語曰、不知人殺乎、抑厲鬼邪。魯語
曰、抑刑戮也、其天札也。又曰、將天下是王、而何德於君、
其子君也。又曰、主亦有以語肥也。晉語曰、鄭之使薄而
報厚、其言我於秦也。內外傳也字與邪同義者甚多、不能徧引。宣六年公羊

傳曰、子大夫也、欲覗之、則就而覗之、論語爲政篇曰、子張問十世可知也、雍也篇曰、斯人也而有斯疾也、下也字與邪同義又曰、仁者雖告之曰、井有仁焉、其從之也、管子戒篇曰、今孤之不得意於天下、非皆二子之憂也、孟子公孫丑篇曰、惡、是何言也、祭義曰、是何言與又曰、豈以仁義爲不美也、告子篇曰、然則飲食亦在外也、上文曰、然則耆炙亦有外與、盡心篇曰、殺人之父者、人亦殺其父、殺人之兄者人亦殺其兄、然則非自殺之也、一閒耳、莊子養生主篇曰、是何人也、惡乎介也、胠篋篇曰、然則鄉之所謂知者、不乃爲大盜積者也、荀子正名篇曰、如此者、其求物也、養生也、粥壽也、呂氏春秋不侵篇曰、意者秦王帝王之主也、君恐不得爲臣何暇從以難之、意者秦王不肖主也、君從以難之未晚也、韓子難二曰、不識臣之力也抑君之力也、秦策曰、今應侯亾地而言不憂、此其情也、楚策汗明謂春申君曰、君料臣孰與舜春申君曰、先生卽舜也魏策曰、此於其親戚兄弟若此、而又況於仇讎之敵國也史記魏世家也作乎也與邪同義、故二字可以互用、昭二十六年左傳、不知天之棄魯邪、抑魯君有罪於鬼神、故及此也、莊子寓言篇莫知其所終若之何其無命也莫知其所始若之何其有命也、有以相應也、若之何其無鬼邪、無以相應也若之何其有鬼邪、史記淮南衡山傳、公以爲吳興兵是邪、非也、貨殖傳、豈所謂素封者邪、非也、漢書龔遂傳、今欲使臣勝之邪、將安之也、皆以邪也互用、顏氏家訓曰、北人呼邪爲也、蓋二字聲本相近、故大戴禮五帝德篇、請問黄帝者人邪、抑非人邪、樂記正義引此邪作也、莊子大宗師篇、夫造物者、又將以予爲此拘拘也、淮南精神篇也作邪、秦策、此乃公孫衍之所謂也、史記張儀傳也作邪、

矣

說文曰、矣語已詞也、亦有在句中者、若書牧誓曰、逷矣

西土之人、詩雄雉曰、展矣君子之屬是也、皆常語、

矣在句末有爲起下之詞者、若詩漢廣曰、漢之廣矣、不可泳思、江之永矣、不可方思、矣字皆起下之詞、斯干曰、如竹苞矣、如松茂矣、兄及弟矣、式相好矣、無相猶矣、第三矣字爲起下之詞、角弓曰、爾之遠矣、民胥然矣、爾之教矣、民胥傚矣、第一第三矣字爲起下之詞、他皆放此、

矣猶乎也、易師象傳曰、吉又何咎矣、无妄彖傳曰、无妄之往何之矣、詩中谷有蓷曰、何嗟及矣、六月曰、侯誰在矣、正月曰、今茲之正、胡然厲矣、禮記文王世子曰、女何夢矣、隱十一年左傳曰、邪而詛之、將何益矣、晉語曰、君

何以訓矣。隱三年公羊傳曰，盍終爲君矣。論語季氏篇
曰，則將焉用彼相矣。是也。
矣，猶也也。詩車攻曰，允矣君子，展也大成。允矣與允也
同。（禮記緇衣引作允也君子。長發曰，允也天子。）禮記樂記曰，大章，章之也。咸
池，備矣。韶，繼也。夏，大也。大章、咸池、韶、夏，皆釋字義。備矣
與備也同。（史記樂書作備也。集解王肅曰，包容浸潤，行化皆然，故曰備也。方言，備，咸也。是咸與備同。）
義。論語里仁篇曰，惡不仁者，其爲仁矣，不使不仁者加
乎其身。其爲仁矣，卽其爲仁也。也矣一聲之轉，故也可
訓爲矣，矣亦可訓爲也。互見也字下。
矣，猶耳也。趙策曰，則連有赴東海而死矣。（史記魯仲連傳矣作耳。）

吾不忍爲之民也。燕策曰，齊者，故寡人之所欲伐也。直患國弊力不足矣。矣字並與耳同義。

乎

說文，乎，語之餘也。禮記檀弓正義曰，乎者，疑辭，皆常語也。

高注呂氏春秋貴信篇曰，乎，於也。亦常語。

乎，狀事之詞也。若易乾文言確乎其不可拔之屬是也。亦常語。

俞

爾雅曰，俞，然也。書堯典曰，帝曰，俞。

於音烏

詩文王傳曰、於、歎詞也、一言則曰於、下加一言、則曰於乎、或作於戲、或作烏呼、其義一也、小爾雅曰、烏乎、吁嗟也、有所歎美、有所傷痛、隨事有義也、

猗

猗、歎詞也、詩猗嗟曰、猗嗟昌兮、傳曰、猗嗟、歎詞、那曰、猗與那與、傳曰、猗、歎詞、潛曰、猗與漆沮、與此同、晉語曰、猗兮違兮、韋注曰、猗、歎也、

猗、兮也、書秦誓曰、斷斷猗、禮記大學猗作兮、詩伐檀曰、坎坎伐檀兮、寘之河之干兮、河水清且漣猗、猗、猶兮也、

故漢魯詩殘碑猗作兮莊子大宗師篇曰而已反其眞、而我猶爲人猗猗、亦兮也、

噫　意　懿　抑

噫歎聲也詩噫嘻曰噫嘻成王傳曰噫歎也嘻和也釋文噫作意禮記檀弓國昭子曰噫鄭注曰噫不寤之聲哀十四年公羊傳子曰噫何注曰噫咄嗟貌論語子路篇子曰噫鄭注曰噫心不平之聲先進篇子曰噫包咸注曰噫痛傷之聲高誘注淮南繆稱篇曰意恚聲又詩十月曰抑此皇父箋曰抑之言噫噫是皇父疾而呼之瞻卬曰懿厥哲婦箋曰懿有所痛傷之聲也噫意懿抑

竝字異而義同。

嘻　譆　唉　誒　熙

嘻，歎聲也。禮記檀弓：夫子曰：嘻。鄭注曰：嘻，悲恨之聲。僖元年公羊傳：慶父聞之曰：嘻。何注曰：嘻，發痛語首之聲。大戴禮少閒篇：公曰：嘻。盧辯注曰：嘻，歎息之聲。說文：譆，痛也。莊子養生主篇作譆。（文惠君曰：譆。）魏策作誒。（魏王曰：誒。今本誒譌作誤。）史記項羽紀作唉。（唉，豎子不足與謀。）漢書翟義傳作熙。（熙，我念孺子。）竝字異而義同。

吁

吁，歎聲也。常語也。字通作呼。月令：大雩帝。鄭注曰：雩，吁嗟求雨之祭也。周官女巫

疏引鄭荅林碩難曰、董仲舒曰、雩、求雨之術、呼嗟之歌

莊子在宥篇、鴻蒙仰而視雲將曰吁、釋文曰吁、亦作呼、

下、又見文元年左傳曰呼、役夫、呼與吁同、歎恨之聲也、杜注呼、發聲也、釋文好賀反、皆失之

說文曰吁、驚語也、于部吁字注如此、其口部吁字注脫語字、玉篇口部吁字注正作驚語也

禮記檀弓曰曾子聞之、瞿然曰呼、釋文呼作吁、正義曰

聞童子之言、乃更驚駭、是也、鄭注、呼、虛憊之聲、失之、

經傳釋詞弟四

經傳釋詞弟五

高郵王引之

孔

爾雅曰、孔、甚也、書禹貢、九江孔殷、史記夏本紀作甚中、

今

孫炎注爾雅釋詁曰、卽、猶今也、故今亦可訓爲卽、書召誥曰、其丕能諴于小民、今休、又曰、王厥有成命、治民今休、皆謂卽致太平之美也（某氏傳釋上今休爲成今之美、下今休爲治民今獲太平之美、皆失之）呂氏春秋驕恣篇曰、齊宣王爲大室、三年而未能成、春居諫王、王曰、寡人請今止之、秦策曰、臣今見王

獨立於廟朝矣、趙策曰、君因言王而重責之、萯之軸今折矣、魏策曰、樓公將入矣、臣今從、韓策曰、十日之內、數萬之衆今涉魏境、燕策曰、天下必以王爲能市馬、馬今至矣、史記項羽紀曰、吾屬今爲之虜矣、鄭世家曰、晉兵今至矣、五子胥傳曰、不來、今殺奢也、今字竝與卽同義、今指事之詞也、考工記輈人曰、今夫大車之轅摯、墨子兼愛篇曰、今若夫攻城野戰、殺身而爲名、禮記三年問曰、今是大鳥獸、晉語、今君之所聞也、猶言是君之所聞也、宣十五年公羊傳、是何子之情也、韓詩外傳、是作今、皆指事之詞、家大人曰、今、猶若也。禮記曾子問曰、下殤土周葬于園、遂輿機而往、塗邇故也、今墓遠、則其葬也如之何、今墓遠若墓遠也。管子法法篇曰、君不私國、臣不誣能、正民之經也、今以誣能之臣事私國之君、而能濟功名者、古今無之。今以若以也。

羌

廣雅曰、羌、乃也。楚辭離騷曰、衆皆競進以貪婪兮、憑不猒乎求索、羌內恕己以量人兮、各興心而嫉妒、是也。字或作慶。漢書揚雄傳、懿神龍之淵潛兮、慶竢雲而將舉、（今本作竢慶雲、乃後人所改、辯見讀書雜志、）張晏曰、慶、辭也。（今本在下文慶夭顇而喪榮句）

下、亦後人所移、蕭該音義曰、慶音羌、王注離騷曰、羌、楚人語辭也、猶言卿何爲也、義亦相近、

憖

憖、且也、哀十六年左傳、旻天不弔、不憖遺一老、俾屏予一人以在位、杜注曰、憖、且也、王肅注家語終記篇同、應劭注漢書五行志曰、憖、且辭也、言旻天不善於魯、不且遺一老、使屏蔽我一人也、昭二十八年傳、祁盈之臣曰、鈞將皆死、憖使吾君聞勝與臧之死也以爲快、憖、亦且也、言鈞之將死、且使吾君聞勝臧之死而快意也、杜以憖爲發語之音、於文義未協、

言

言，云也，語詞也。話言之言謂之云，語詞之云（見云字下），亦謂之言。若詩葛覃之「言告師氏」、「言告言歸」，芣苢之「薄言采之」（薄言皆語詞，後凡稱薄言者放此），漢廣之「言刈其楚」，草蟲之「言采其蕨」（後凡稱言采者放此），柏舟之「靜言思之」，終風之「寤言不寐，願言則嚏」，簡兮之「公言錫爵」，泉水之「還車言邁」、「駕言出遊」（後凡稱駕言者放此），二子乘舟之「願言思子」，定之方中之「星言夙駕」，載馳之「言至于漕」，氓之「言既遂矣」，伯兮之「言樹之背」，女曰雞鳴之「弋言加之」，小戎之「言念君子」，七月之「言私其豵」，彤弓之「受言藏之」，庭燎之「言觀其旂」（後凡稱言觀者放此），黃鳥之言旋言歸，我行其野之言就爾居，言歸斯復，大東之睠言顧之，荀子宥坐篇引作眷焉。後漢書劉陶傳作睠然。焉與然皆語詞，則言亦語詞。小明之興言出宿，楚茨之言抽其棘，備言燕私，都人士之言從之邁，釆綠之言韔其弓，瓠葉之酌言嘗之，文王之永言配命，後凡稱永言者放此。抑之言緡之絲，言示之事，桑柔之瞻言百里，有客之言授之縶，有駜之醉言舞，及左傳僖九年之既盟之後，言歸于好，易繫辭傳之德言盛，禮言恭，謂君子勞謙，德盛禮恭也，言語詞。皆與語詞之云同義，而毛鄭釋詩悉用爾雅言我也之訓，或解爲言語之言，揆之文義，多所未安，則施之不得其當也。

宜儀義

家大人曰：宜，猶殆也。成二年左傳曰：宜將竊妻以逃者也。六年傳曰：不安其位，宜不能久。孟子公孫丑篇曰：宜與夫禮若不相似然。滕文公篇曰：不見諸侯，宜若小然。又曰：枉尺而直尋，宜若可爲也。離婁篇曰：宜若無罪焉。盡心篇曰：宜若登天然。齊策曰：救趙之務，宜若奉漏甕、沃焦釜。宜字並與殆同義。

宜，助語詞也。詩螽斯曰：螽斯羽，詵詵兮，宜爾子孫振振兮。宜爾子孫，爾子孫也。言螽斯羽則詵詵然矣，爾子孫則振振然矣。故序曰：言若螽斯不妒忌，則子孫衆多也。

箋云宜女之子孫使其無不仁厚失之小宛曰哀我塡寡宜岸宜獄宜岸岸也宜獄獄也言我窮盡寡財之人乃有此訟獄之事也箋云仍得曰宜正義云在上謂之宜有此訟宜有此獄皆失之字通作儀詩烝民曰人亦有言德輶如毛民鮮克舉之我儀圖之維仲山甫舉之儀助語詞儀圖之圖之也傳訓儀爲宜箋及表記注訓儀爲匹文義皆未安又通作義書大誥曰義爾邦君越爾多士尹氏御事綏予曰無毖于恤不可不成乃寧考圖功義助語詞言爾邦君及爾多士尹氏御事當安勉我也猶上文言爾庶邦君越庶士御事矣漢書翟方進傳作予義彼國君義上加予字則已不知其爲語助某氏傳解爲施義於

汝衆國君臣上下至御治事者而文益贅設經言義不言施義也

可

可、猶所也、禮記中庸、體物而不可遺、鄭注曰、體、猶生也、易乾文言、君子體仁足以長人、鄭注、體、生也、見文選陸機贈顧交阯公眞詩注、可、猶所也、不有所遺言萬物無不以鬼神之氣生也、家大人曰、不、無也、說見不字下萬物皆生於鬼神、是鬼神生物而無所遺也、又曰、大戴禮武王踐阼篇席前右端之銘曰、無行可悔可所也、前有所悔、後不復行、故曰無行所悔、說苑敬愼篇作無行所悔、是其證也、又曰、賈子諭誠篇、人謂豫讓曰、子不夘中行而反事其讎、何無可恥之甚也、言無所恥之甚也、史記萬石君傳衞綰自初官以至丞相、終無可言、言始終一無所言也、後漢書竇憲傳燕然山銘茲所謂一勞而久逸、暫費而永寧者也、文選所作可、可與所同義、故可得訓爲所、所亦得訓爲可、互見所字下、

幾

幾、詞也、易屯六三、君子幾不如舍、王注、幾、辭也、正義曰、幾爲語辭、不爲義也、釋文、幾、徐音祈、周語曰、其無乃廢先王之訓而王幾頓乎、幾、詞也、頓、猶廢也、言荒服者王、先王之訓也、今犬戎氏以其職來王、而天子以不享征之、是廢先王之訓、而荒服來王之禮、將從此廢矣、故下文遂云、自是荒服者不至也、韋注訓幾爲危、頓

爲敗、則是以王爲穆王矣、下文穆王得狼鹿以歸、未嘗危敗也、韋說失之、莊子徐無鬼篇曰、君雖爲仁義、幾且僞哉、又曰、非我與吾子之罪、幾天與之也、列子仲尼篇曰、吾見子之心矣、方寸之地虛矣、幾聖人也、荀子賦篇曰、聖人共手、時幾將矣、楊倞注、幾、辭也、幾其也、易小畜上九曰、月幾望、集解引虞注曰、幾其也、今本其作近、蓋後人所改、案虞注曰、坎月離日、兌西震東、日月象對、故月幾望、是虞謂月與日相望、非但近於望而已、歸妹六五、月幾望、虞彼注曰、幾、其也、坎月離日、兌西震東、日月象對、故曰幾望、與小畜中孚月幾望同義、則小畜中孚幾望之幾、亦訓爲其可知、小畜釋文、幾、徐音祈、正與君子幾不如舍之幾同音、蓋亦以爲語詞、

祈

祈猶是也、禮記緇衣引君雅曰、資冬祈寒、鄭注曰、祈之

言是也、齊西偏之語也、

豈 幾

豈、詞之安也、焉也、曾也、見廣韻、常語也、字或作幾、莊子人閒世篇曰、不爲社者、且幾有翦乎、家大人曰、幾、讀爲豈、言雖不爲社、亦豈有翦伐之害乎、郭象訓幾爲近、失之、荀子榮辱篇曰、是其爲相縣也、幾直夫芻豢稻粱之縣糟糠爾哉、楊倞注、幾、讀爲豈、下同、又曰、幾不甚善矣哉、大略篇曰、利夫秋豪、害靡國家、然且爲之、幾爲知計哉、韓子姦劫弑臣篇曰、處非道之位、被衆口之譖、溺於當世之言、而欲當嚴天子而求安、幾不亦難哉、

豈、猶其也、禮記曾子問曰、昔者史佚有子而死、下殤也、

墓遠召公謂之曰何以不棺斂於宮中史佚曰吾敢乎哉召公言於周公周公曰豈不可家大人曰豈不可其不可也故鄭注曰言是豈於禮不可不許也釋文正義皆以豈爲一句不可爲一句大誤吳語曰大王豈辱裁之孟子滕文公篇曰墨之治喪也以薄爲其道也夷子思以易天下豈以爲非是而不貴也家大人曰豈以爲其以爲也也與邪同夷子以薄葬之道爲貴非其道則不貴之矣故曰非是而不貴是字正指薄葬而言言夷子思以薄葬之道易天下其以爲非此則不貴邪然則厚葬者夷子之所不貴而夷子乃厚葬其親則是以所不貴者事親也故下文曰然而夷子葬其親厚則是以所賤事親也趙注曰夷子豈肯以薄爲非是而不貴之也於語意未合莊子外物篇曰君豈有斗升之水而活我哉秦策曰子常宣言代我相秦豈有此乎齊策曰君豈受楚象牀哉

燕策曰、將軍豈有意乎、史記范雎傳曰、孺子豈有客習於相君者哉、魏公子傳曰、我豈有所失哉、李斯傳曰、丞相豈少我哉、豈固我哉、字或作幾、莊子徐無鬼篇曰、非我與吾子之罪、幾天與之也、史記黥布傳曰、人相我當刑而王、幾是乎、徐廣曰、幾、一作豈、

蓋

蓋者、大略之詞、孝經、蓋天子之孝也、孔傳曰、蓋者、辜較之辭、辜較猶大略也、常語也、

蓋、疑詞也、亦常語也、禮記檀弓、有子蓋既祥而絲屨組纓、正義曰、蓋是疑辭、

葢語助也。漢書禮樂志郊祀歌神夕奄虞葢孔享。顔師古注曰、葢語辭也、

厥

爾雅曰、厥、其也。常語、

厥、猶之也。書無逸曰、自時厥後立王生則逸、生則逸。又曰、自時厥後亦罔或克壽。皆謂自是之後也。又曰、此厥不聽、人乃訓之。又曰、此厥不聽、人乃或譸張爲幻。皆謂此之不聽也、

厥、語助也。書多士曰、誕淫厥泆。言誕淫泆也。立政曰、文王惟克厥宅心、乃克立兹常事司牧人。言文王惟克宅

心也、

及

爾雅曰、及、與也、常語、

家大人曰、及、猶若也、禮樂記曰、樂極則憂、禮粗則偏矣、及夫敦樂而無憂、禮備而不偏者、其唯大聖乎、及夫若夫也、又曰、及夫禮樂之極乎天而蟠乎地、行乎陰陽而通乎鬼神、上文曰、若夫禮樂之施於金石、越於聲音、用於宗廟社稷、事乎山川鬼神、祭法曰、及夫日月星辰、民所瞻仰也、山林川谷邱陵、民所取財用也、中庸曰、今夫天斯昭昭之多、及其無窮也、日月星辰繫焉、萬物覆焉、及其、若其也、言自其一處言之、則唯此昭昭之多、若自其無窮言之、則日月星辰萬物皆在其中、下文及其廣厚、及其廣大、及其不測、竝同此意、非謂天地山川之大出於積累也、管子大匡篇曰、臣聞齊君惕而亟驕、雖得賢、庸必能用之乎、及齊君之能用之也、管子之事濟也、言若齊君能用之、則管子之事必濟也、尹知章注、及、猶就也、非是、老子曰、吾所以有大患者、爲吾有身、及吾無身、吾有何患、言若吾無身也、又曰、取天下常以無事、及其有事、不足以取天下、言若其有事也、及與若同義、故及可訓爲若、若亦可訓爲及、互見若字下、

其

其、指事之詞也、常語也、

其狀事之詞也。有先言事而後言其狀者。若擊鼓其鏜，雨雪其雱，零雨其濛之屬是也。有先言其狀而後言其事者。若灼灼其華，殷其靁，淒其以風之屬是也。

其，擬議之詞也。易困象傳曰，困而不失其所亨，其唯君子乎。乾文言曰，其唯聖人乎。聘禮曰，君其以賜乎。隱十一年左傳曰，天其以禮悔禍于許。

其，猶殆也。易復象傳曰，復其見天地之心乎。繫辭傳曰，知變化之道者，其知神之所爲乎。又曰，易之興也，其於中古乎。作易者其有憂患乎。書金縢曰，公曰，體，王其罔害。禮記檀弓曰，吾今日其庶幾乎。又曰，將軍文氏之子，其庶幾乎、隱六年左傳曰、其陳桓公之謂乎、周語曰、王室其將卑乎、其與殆同意、故又以其殆連文、繫辭傳曰、顏氏之子、其殆庶幾乎、是也、

其、猶將也、易否九五曰、其亡其亡、書皋陶謨曰、無曠庶官、天工人其代之、湯誓曰、予其大賚女、盤庚曰、天其永我命于茲新邑、微子曰、今殷其淪喪、牧誓曰、稱爾戈、比爾干、立爾矛、予其誓、金縢曰、惟朕小子其新逆、康誥曰、爽惟天其罰殛我、酒誥曰、盡執拘以歸于周、予其殺、召誥曰、今天其命哲、命吉凶、命歷年、洛誥曰、茲予其明農哉、詩蟋蟀曰、今我不樂、日月其除、七月曰、其始播百穀、

隱十一年左傳曰、吾子孫其覆亾之不暇、而況能禋祀許乎、僖七年曰、鄭將覆亾之不暇、周語曰、其與能幾何、論語爲政曰、其何以行之哉、

其、猶尚也、庶幾也、書皋陶謨曰、帝其念哉、盤庚曰、其克從先王之烈、金縢曰、我其爲王穆卜、康誥曰、其尚顯聞于天、其、亦尚也、古人自有複語耳、酒誥曰、其藝黍稷、奔走事厥考厥長、召誥曰、上下勤恤、其曰、我受天命、丕若有夏歷年、式勿替有殷歷年、洛誥曰、女其敬識百辟享、無逸曰、嗣王其監于茲、君奭曰、君肆其監于茲、立政曰、我其克灼知厥若、文侯之命曰、惟祖惟父、其伊恤朕躬、詩伯兮曰、其

雨其雨杲杲出日其猶庶幾也隱三年左傳曰、吾子其無廢先君之功、周語曰、王其祗祓、監農不易、

其猶若也、詩小旻曰、謀之其臧、則具是違、謀之不臧、則具是依、禮記文王世子曰、公族其有死罪、則磬于甸人、其刑罪、則纖剸、亦告于甸人、僖九年左傳曰、其濟、君之靈也、不濟、則以死繼之、襄二十三年傳、申豐對季武子曰、其然、將具敝車而行、三十一年傳曰、其輸之、則君之府實也、非薦陳之、不敢輸也、其暴露之、則恐燥溼之不時、而朽蠹以重敝邑之罪、

其猶乃也、書堯典曰、浩浩滔天、下民其咨、皋陶謨曰、撫

于五辰庶績其凝又曰以昭受上帝天其申命用休禹貢曰嵎夷既略濰淄其道又曰淮沂其乂蒙羽其藝湯誓曰今女其曰夏罪其如台言今女乃曰夏罪其如何高宗肜日曰乃曰其如台文與此同古者台與何同義說見台字下盤庚曰越其罔有黍稷越其猶云爰乃也洪範曰使羞其行而邦其昌言使羞其行而邦乃昌也又曰女雖錫之福其作女用咎又曰臣之有作福作威玉食其害于而家凶于而國又曰是之謂大同身其康彊子孫其逢逢字絕句下吉字別爲句說見經義述聞金縢曰爾之許我我其以璧與珪歸俟爾命爾不許我我乃屏璧與珪其亦乃也康誥曰時乃大明服惟民其勑懋和若有疾惟民其畢棄咎若保赤

予惟民其康乂。又曰：「我時其惟殷先哲王德，用康乂民。」多士曰：「予惟時其遷居西爾。」洛誥曰：「凡民惟曰不享，惟事其爽侮。」又曰：「公勿替刑，四方其世享。」君奭曰：「在昔上帝割申勸寧王之德，其集大命于厥躬。」多方曰：「我惟時其教告之，我惟時其戰要囚之。」詩蝃蝀曰：「朝隮于西，崇朝其雨。」氓曰：「桑之落矣，其黃而隕。」蟋蟀曰：「蟋蟀在堂，歲聿其莫。」聿，惟也。其，猶乃也。七月曰：「八月其穫。」又曰：「二之日其同，載纘武功。」又曰：「四之日其蚤，獻羔祭韭。」沔水曰：「我友敬矣，讒言其興。」我友敬矣，而讒言乃興，故毛傳曰：「疾王不能察讒也。」巷伯曰：「豈不爾受，既其女遷。」大東曰：「杼柚其空。」賓之初筵曰：「錫爾純嘏，子孫其湛、維清曰、假以溢我、我其收之、烈文曰、無封靡于爾邦、維王其崇之、念茲戎功、繼序其皇之、無競維人、四方其順之、不顯維德、百辟其刑之、禮記月令曰、五者備當、上帝其饗、桓六年左傳曰、楚之羸、其誘我也、莊二十二年傳曰、五世其昌、並于正卿、僖五年傳曰、火中成軍、虢公其奔、宣二年傳曰、非馬也、其人也、周語曰、自今至于初吉、陽氣俱蒸、土膏其動、弗震弗渝、脈其滿眚、穀乃不殖、又曰、營室之中、土功其始、晉語曰、喪田不懲、禍亂其興、論語爲政篇曰、是亦爲政、奚其爲爲政、其與乃同意、故又以乃其連文、康誥曰、乃其乂民、又曰、乃其速由文王作罰又曰女乃其速由茲義率殺君奭曰乃其墜命多方曰我乃其大罰殛之晉語曰彼得政而行其欲得其所索乃其釋君此猶曷何同意而召誥言曷其柰何弗敬克堪同意而多方言克堪用德維伊同意而詩頍弁言實維伊何也

其猶之也書盤庚曰不其或稽自怒曷瘳康誥曰朕其弟小子封詩魚麗曰物其多矣維其嘉矣上其猶之也下其則指物之詞大戴禮保傅曰凡是其屬太師之任也桓六年左傳曰諸侯之大夫戍齊齊人饋之餼使魯爲其班成十五年公羊傳曰爲人後者爲之子又曰爲人後者爲其子

賈子大政篇曰故欲以刑罰慈民辟其猶以鞭狎狗也雖久弗親矣欲以簡泄得士辟其猶以弧怵鳥也雖久弗得矣其與之同義故其可訓爲之之亦可訓爲其互見之字下

其猶寧也易繫辭傳曰妻其可得見邪書盤庚曰若火之燎于原不可鄉邇其猶可撲滅大誥曰厥考翼其肯曰予有後弗棄基酒誥曰我其可不大監撫于時多士曰我其敢求位僖五年左傳曰一之謂甚其可再乎十年傳曰欲加之罪其無辭乎

其更端之詞也易无妄象辭曰无妄元亨利貞其匪正

有眚書無逸曰、其在高宗、其在祖甲、

其、語助也、易小畜初九曰、復自道、何其咎、書大誥曰、予曷其不于前寧人圖功攸終、康誥曰、未其有若女封之心、召誥曰、不其延、洛誥曰、敘弗其絶、呂刑曰、其今爾何懲（上文曰、今爾何監、）棐誓曰、馬牛其風、詩君子于役曰、曷其有佸（上文曰、曷至哉、）鴇羽曰、曷其有所、楊之水曰、云何其憂、正月曰、終其永懷、（終、猶既也、說見終字下、）菀柳曰、于何其臻、僖十五年左傳曰、以德爲怨、秦不其然、晉語曰、多而驟立、不其集亾、其字皆爲語助、無意義也、

其諸、亦擬議之詞也、桓六年公羊傳、其諸以病桓與、何

注曰，其諸，辭也。論語學而篇曰：「其諸異乎人之求之與。」

其（音記）　記　忌　己　迉

其，語助也。或作記，或作忌，或作己，或作迉，義竝同也。詩揚之水曰：「彼其之子。」箋曰：「其，或作記，或作己，讀聲相似。」又羔裘「彼其之子」，襄二十七年左傳及晏子雜篇竝作己。候人「彼其之子」，表記作記。（釋文、唐石經及各本竝同，監本改作其，非。）僖二十四年左傳及晉語竝作己。文十四年左傳：「齊公子元不順懿公之為政也，終不曰公，曰夫己氏。」杜解補正曰：「夫己氏，猶言彼己之子。」（夫，猶彼也，說見夫字下。注疏讀己為甲己之己，非是。）詩大叔于田曰：「叔善射忌。」傳曰：「忌，辭也。」箋曰：「忌，讀如彼己之

子之已崧高曰往近王舅箋曰近辭也聲如彼記之子之記毛居正六經正誤以近爲迓之譌說文迓讀與記同

其音姬　期　居

其問詞之助也或作期或作居義並同也書微子曰予顛隮若之何其鄭注曰其語助也齊魯之閒聲如姬見史記宋世家集解詩園有桃曰彼人是哉子曰何其傳曰夫人謂我欲何爲乎庭燎曰夜如何其頍弁曰實維何期箋曰期辭也釋文本亦作其禮記檀弓曰何居我未之前聞也鄭注曰居讀如姬姓之姬齊魯之閒語助也又曰吾許其大而不許其細何居郊特牲曰二日伐鼓何居成二年左傳曰誰居後

之人必有任是夫襄二十三年傳曰誰居其孟椒乎杜注居猶與也莊子齊物論篇曰何居乎案居猶乎也居下不當復有乎字疑因下文而衍釋文出何居二字無乎字形固可使如槁木而心固可使如死灰乎

居

居詞也易繫辭傳曰噫亦要存亡吉凶則居可知矣鄭王注竝曰居辭也詩柏舟曰日居月諸正義曰居諸者語助也故日月傳曰日乎月乎不言居諸也十月之交曰擇有車馬以居徂向居語助言擇有車馬以徂向也箋曰擇民之富有車馬者以往居于向先言往而後言居未免倒置經文生民曰其香始升

上帝居歆，居，亦語助，上帝居歆，上帝歆也。箋曰：上帝則安而歆饗之，於義未安。禮記郊特牲曰：以鍾次之，以和居參之也。居，亦語助，居參之，參之也。鄭注：以金參居庭實之閒，亦未安。

詎巨遽二音　距　鉅　巨　渠　遽

廣韻曰：詎，豈也。字或作距，或作鉅，或作巨，或作渠，或作遽。漢書高祖紀曰：沛公不先破關中，公巨能入乎？史記項羽紀作公豈敢入乎。孫寶傳曰：掾部渠有其人乎？顏注：渠讀曰詎，詎，豈也。詎與豈同義，故或以豈詎連文。吳語曰：此志也，豈遽忘於諸侯之耳乎？呂氏春秋具備篇曰：豈遽必哉？荀子王制篇曰：豈渠得免夫累乎？正論篇曰：是豈鉅知見侮之爲不辱哉、墨子公孟篇曰、雖子不得福吾言何遽不善、而鬼神何遽不明、淮南人閒篇曰、此何遽不能爲福乎、史記鄭世家曰、往何遽必辱、陸賈傳曰、使我居中國何渠不若漢、漢書作何遽、家大人曰、遽亦何也、連言何遽者、古人自有複語耳、顏師古以遽爲迫促、失之、莊子齊物論篇曰、庸詎知吾所謂知之非不知邪、庸詎知吾所謂不知之非知邪、徐邈本詎作巨、家大人曰、庸、詎、皆何也、李頤曰、庸、用也、詎、何也、庸詎、猶言何用、失之、大宗師篇曰、庸詎知吾所謂天之非人乎、所謂人之非天乎、楚辭哀時命曰、庸詎知其吉凶、淮南齊俗篇曰、庸遽知世之所自窺我者乎、韓子難四曰、衛奚距然哉、秦策曰、君其試焉、奚遽叱也、史記張儀傳曰、且蘇君在、儀寧渠能乎、索隱曰、渠音詎、古字少假借耳、或言豈遽、或言何遽、或言奚遽、或言庸詎、或言寧渠、其義一而已矣

詎、猶苟也、晉語曰、且唯聖人能無外患、又無內憂、詎非聖人、必偏而後可、今本詎作距、此從宋明道本、又曰、詎非聖人、不有外患、必有內憂、皆謂苟非聖人也、成十六年左傳作自非聖人、意亦同也

固　故　顧

固、猶必也、桓五年左傳曰、蔡衛不枝、固將先奔、言必將先奔也、襄二十七年公羊傳、女能固納公乎、呂氏春秋

任數篇、其說固不行、秦策王固不能行也、何高注並曰、固必也、或作故、又作顧、秦策曰、吳不亡越、越故亡吳、大戴禮禮察篇曰、先王執此之正、堅如金石、行此之信、順如四時、處此之功、無私如天地、爾豈顧不用哉、史記張陳餘傳贊曰、張耳陳餘始居約時、相然信以死、豈顧問哉、豈顧、豈必也、索隱曰、謂然諾相信、雖死不顧、非是、

固猶乃也、孟子萬章篇曰、仁人固如是乎、或作故、又作顧、趙策曰、雖強大不能得之於小弱、而小弱顧能得之於強大乎、呂氏春秋制樂篇曰、我必有罪、故天以此罰我也、今故興事動眾以增國城、是重吾罪也、下故字與乃同義

審己篇曰、臣以王爲已知之矣、王故尚未之知邪、齊策田單謂貂勃曰、單何以得罪於先生、故常見惡於朝、故與乃同義、故或以故乃連文、莊子徐無鬼篇曰、先生苦於山林之勞、故乃肯見於寡人、

故

趙爽注周髀算經曰、故者、申事之辭、常語也、

故本然之詞也、襄九年左傳曰、然故不可誣也、或作固、又作顧、禮記哀公問曰、固民是盡、鄭注曰、固、猶故也、呂氏春秋必己篇曰、孟賁過於河、先其五、船人怒、而以楫虓其頭、顧不知其孟賁也、

故猶則也墨子天志篇曰當若子之不事父弟之不事兄臣之不事君也故天下之君子與謂之不祥者與卽舉字莊子齊物論篇曰有成與虧故昭氏之鼓琴也無成與虧故昭氏之不鼓琴也故字竝與則同義東周策曰君必施於今之窮士不必且爲大人者故能得欲矣故能則能也齊策曰韓魏戰而勝秦則兵半折四境不守戰而不勝以亾隨其後是故韓魏之所以重與秦戰而輕爲之臣也是故是則也易豫象傳曰天地以順動故日月不過而四時不忒聖人以順動則刑罰清而民服昭二十年左傳曰夫火烈民望而畏之故鮮死焉水懦弱

民狎而翫之則多然焉。管子版法解篇曰、明主能勝六攻而立三器、則國治、不肖之君、不能勝六攻而立三器、故國不治。故、亦則也、互文耳。

顧

顧猶但也。禮記祭統曰、是故上有大澤則惠必及下、顧上先下後耳。燕策曰、吾每念常痛於骨髓、顧計不知所出耳。史記越世家曰、彼非不愛其弟、顧有所不能忍者也。

史記絳侯世家索隱引許愼淮南注曰、顧、反也。秦策曰、今三川周室、天下之市朝也、而王不爭焉、顧爭於戎狄、高注曰、顧反也、燕策曰、子之南面行王事、而噲老不聽政、顧爲臣、顧與反同義、故又以顧反連文、齊策曰、夫韓魏之兵未弊、而我救之、是我代韓受魏之兵、顧反聽命於韓也、史記蕭相國世家曰、蕭何未嘗有汗馬之勞、顧反居臣等上、是也、

苟

苟、誠也、論語里仁篇、苟志於仁矣、是也、常語也、

苟、且也、論語子路篇、苟合矣、苟完矣、苟美矣、是也、亦常語、

苟、猶但也、易繫辭傳曰、苟錯諸地而可矣、藉之白茅何

咎之有言但置諸地而已可矣而必藉之以白茅謹慎如此復何咎之有乎桓五年左傳曰苟自救也社稷無隕多矣襄二十八年傳曰小適大苟舍而已焉用壇苟字並與但同義

苟猶若也易繫辭傳曰苟非其人道不虛行

苟猶尚也詩君子于役曰君子于役苟無飢渴言尚無飢渴也襄十八年左傳晉侯伐齊將濟河中行獻子禱曰苟捷有功無作神羞言尚捷有功也墨子耕柱篇曰季孫紹與孟伯常治魯國之政不能相信而祝於菆社曰今本菆譌作禁辯見讀書雜志苟使我和是猶弇其目而祝於菆社

曰、苟使我皆視豈不繆哉言尚使我和尚使我視也

臯

臯、發語之長聲也儀禮士喪禮曰臯某復鄭注曰臯長聲也

經傳釋詞弟五

經傳釋詞弟六

高郵王引之

乃　迺

乃，猶是也。書堯典曰：乃命羲和。是也。常語也。字或作迺。俗作廼。爾雅曰：迺，乃也。

乃，猶然後也。書禹貢曰：作十有三載乃同。是也。亦常語。

乃，猶而也。春秋宣八年：十月己丑，葬我小君頃熊，雨不克葬。庚寅日中而克葬。定十五年：九月丁巳，葬我君定公，雨不克葬。戊午日下昃，乃克葬。公羊傳曰：而者何？難也。乃者何？難也。說文：乃，曳詞之難也。曷為或言而或言乃？乃難乎而也。案乃與而，對言之則異，禮記文王世子曰，文王九十七乃終，武王九十三而終，是也。散言之則通。互見而字下。

儀禮燕禮，大夫不拜乃飲，鄭注曰，乃猶而也。大戴記夏小正篇，匽之興五日翕望乃伏，傳曰，而伏云者，不知其夙也，故謂之伏。而伏，卽乃伏也。襄七年左傳曰，吾乃今而後知有卜筮，乃今而後，卽而今而後也。

乃，急詞也。大戴記夏小正篇，乃瓜，傳曰，乃者，急瓜之辭也。

乃，猶則也。易繫辭傳曰，見乃謂之象，形乃謂之器。詩生民曰，鳥乃去矣。隱三年左傳曰，將立州吁，乃定之矣。皆是也、乃與則同義、故書般庚我乃劓殄滅之無遺育、哀十一年左傳作則劓殄無遺育、莊二十八年左傳則可以威民而懼戎、晉語則作乃、又或以則乃連文、書立政曰、謀面用丕訓德、則乃宅人、是也

乃、猶其也、書多士曰、爾乃尚有爾土、爾乃尚寧榦止、爾乃爾其也、晉語、伯宗問曰、乃將若何、乃將、其將也、今本無乃宗乃後人不曉古義而妄刪之據宋明道本補、書般庚乃有不吉不迪、顛越不共、哀十一年左傳作其有顛越不共、乃與其同義、故或以乃其連文、互見其字下、

乃、猶是也、成二年左傳、衛石稷謂孫良夫曰、子以衆退、

我此乃止言我於此是止也。杜注，我于此止禦齊師。晏子春秋外篇公曰，吾聞之，五子不滿隅，一子可滿朝，非迺子邪。迺子，是子也。莊子德充符篇，子產蹵然改容更貌曰，子無乃稱。猶曰子無稱是言也。

乃，猶方也、裁也。莊十年穀梁傳曰，乃深其怨於齊，又退侵宋以衆其敵。謂方深其怨於齊也。大戴記保傅篇曰，太子乃生，固舉之禮。賈子乃作初。呂氏春秋義賞篇曰，天下勝者衆矣，而霸者乃五。高注，乃，猶裁也。義並同。

乃，猶若也。書般庚曰，女萬民乃不生生，暨予一人猷同心，先后丕降與女罪疾。言汝萬民若不生生也。洛誥曰，女乃是不夢乃時惟不永哉言汝若是不勉也孟子公孫丑篇曰乃所願則學孔子也莊子盜跖篇曰小人殉財君子殉名其所以變其情易其性則異矣乃至於棄其所爲而殉其所不爲則一也乃字並與若同義

乃猶且也書大誥曰若考作室既底法厥子乃弗肯堂矧肯構厥父菑厥子乃弗肯播矧肯穫乃字並與且同義

乃猶寧也襄三十年左傳人謂子產就直助彊子產曰豈爲我徒國之禍難誰知所敝或主彊直難乃不生姑成吾所乃寧也言禍難未知所敝雖或主彊直之人寧

不生難乎唯兩無所主姑成吾所而已也杜注言能彊能直則可弭難今三家未能伯有方爭於語意未合寧乃一聲之轉故乃訓爲寧寧亦訓爲乃互見寧字下

乃異之之詞也書般庚曰女不憂朕心之攸困乃咸大不宣乃心詩山有扶蘇曰不見子都乃見狂且是也亦常語也

乃轉語詞也書康誥曰有厥罪小乃不可不殺是也亦常語

乃如亦轉語詞也詩日月曰乃如之人兮蝃蝀曰乃如之人也

乃若亦轉語詞也墨子兼愛篇曰然而今天下之士君子曰然句乃若兼則善矣孟子離婁篇曰乃若所憂則有之

乃若發語詞也墨子兼愛篇子墨子言曰乃若夫少食惡衣殺身而爲名此天下百姓之所皆難也孟子告子篇孟子曰乃若其情則可以爲善矣

乃發聲也禮記雜記曰祝稱卜葬虞夫曰乃鄭注曰乃某卜葬其妻某氏正義曰乃者言之助也

寧

說文寧願詞也徐鍇曰今人言寧可如此是願如此也

襄二十六年左傳引夏書曰與其殺不辜寧失不經是也常語也

寧猶何也易繫辭傳曰寧用終日是也亦常語

寧猶豈也成二年左傳曰寧不亦淫從其欲以怒叔父是也亦常語

寧猶將也莊子秋水篇曰寧其死爲留骨而貴乎寧其生而曳尾於塗中乎呂氏春秋貴信篇曰君寧死而又生乎其寧生而又生乎趙策曰人之情寧朝人乎寧朝於人也寧字並與將同義楚辭卜居曰吾寧悃悃款款朴以忠乎將送往勞來斯無窮乎寧亦將也互文耳

寍猶乃也毛鄭詩考正曰四月首章胡寍忍予箋云寍猶曾也案寍猶乃也語之轉下寍莫我有同雲漢首章寍莫我聽寍亦乃也篇內寍丁我躬寍俾我遯胡寍忍予胡寍瘨我以旱竝同家大人曰乃寍曾其義一也日月之寍不我顧小弁之寍莫之知四月之胡寍忍予箋竝曰寍猶曾也又正月之寍莫之懲四月之寍莫我有雲漢之寍莫我聽寍丁我躬寍俾我遯箋內皆以曾代寍曾亦乃也論語先進篇吾以子爲異之問曾由與求之問是也又雲漢之胡寍忍予胡寍瘨我以旱箋內皆以何曾代胡寍何曾何乃也孟子公孫丑篇爾何曾比

予於管仲趙注曰何曾猶何乃是也桑柔曰倬彼昊天寧不我矜箋曰昊天乃倬然明大而不矜哀下民是箋亦訓寧爲乃也又正月曰燎之方揚寧或滅之赫赫宗周褒姒威之言以燎火之盛而乃有滅之者亦如赫赫之宗周而乃爲褒姒所滅也箋釋上二句曰燎之方盛之時寧有能滅息之者失之辨見經義述聞下並同桑柔曰民之貪亂寧爲荼毒言民心貪樂禍亂乃爲苦毒之行也箋訓寧爲安失之瞻卬曰心之憂矣寧自今矣不自我先不自我後言不自我先不自我後而乃自今也正義曰天下人心之憂愁所由來久遠寧從今日矣失之禮記內則曰子婦有勤勞之事雖甚愛之姑縱之而寧數休之言姑縱

使勤勞而乃數數休息之也。正義曰、寧可數數休息、失之。昭二十二年左傳、寡君聞君有不令之臣爲君憂、無寧以爲宗羞。言無乃以爲宗羞也。此無寧與他處言無寧者不同。杜注、無寧寧也、失之。賈子禮篇、不用命者、寧丁我網。史記殷本紀作乃入吾網。此皆古人謂乃爲寧之證。

寧、語助也。昭元年左傳曰、是委君貺於草莽也、是寡大夫不得列於諸卿也。不寧唯是、又使圍蒙其先君、不寧唯是、不唯是也。寧、語助耳。正義曰、不寧、寧也。言寧有唯是之事、失之。

能

能、猶而也。能與而古聲相近。說見唐韻正。故義亦相通。詩芄蘭曰雖則佩觿能不我知能當讀爲而雖則之文正與而字相應言童子雖則佩觿而實不與我相知也毛傳曰不自謂無知以驕慢人也箋曰此幼稺之君雖佩觿與其才能實不如我衆臣之所知爲也皆未合語意辨見經義述聞下章雖則佩韘能不我甲義與此同荀子解蔽篇爲之無益於成也求之無益於得也憂戚之無益於幾也則廣焉能弃之矣趙策建信君入言於王厚任葺以事能重責之能並與而同管子任法篇是貴能威之富能祿之賤能事之近能親之美能淫之也下文五能字皆作而又侈靡篇不欲強能不服智而不牧能與而同尹知章以能字絕句不服二字屬下讀非是晏子春秋外篇入則求君之嗜欲能

順之君怨良臣則具其往失而益之墨子天志篇少而示之黑謂黑多示之黑謂白少能嘗之甘謂甘多嘗之甘謂苦韓詩外傳貴而下賤則衆弗惡也富能分貧則窮士弗惡也智而教愚則童蒙者弗惡也崔駰大理箴或有忠能被害或有孝而見殘能亦而也

能猶乃也亦聲相近也家大人曰昭十二年左傳曰中美能黃上美爲元下美則裳能爲則三字相對爲文能者乃也言中美乃黃上美爲元下美則裳也孫子謀攻篇曰故用兵之法十則圍之五則攻之倍則分之敵則能戰少則能守今本戰守下並衍之字辯見讀書雜志不若則能避之言

敵則乃戰，少則乃守，不若則乃避之也。魏策曰：奉陽君約魏，魏王將封其子。謂魏王曰：王嘗身濟漳，朝邯鄲，抱葛、薛、陰、成以爲趙養邑，而趙無爲王有也。王能又封其子河陽、姑密乎？臣爲王不取也。言王乃又封其子乎？臣爲王不取也。史記淮陰侯傳曰：今韓信兵號數萬，其實不過數千，能千里而襲我，亦以罷極。以，與已同。言韓信兵不過數千，乃千里而襲我也。太史公自序佞幸傳曰：非獨色愛，能亦各有所長。言非獨以色見愛，乃亦各有所長也。列女傳賢明傳曰：先生以不斜之故，能至於此。言以不斜之故，乃至於此也。能與乃同義，故二字可以互用。

後漢書荀爽傳、鳥則雄者鳴鴝雌能順服獸則牡爲唱導牝乃相從是也能與乃同義故又可以通用淮南人閒篇此何遽不能爲福乎藝文類聚禮部下引能作乃漢書匈奴傳東援海代南取江淮然後乃備漢紀乃作能是也乃與而聲相近故能訓爲而又訓爲乃能與寧一聲之轉而同訓爲乃故詩寧或滅之漢書谷永傳作能或滅之宋祁曰、姚本能作寧案此依毛詩改耳各本多作寧今據宋景祐本及王氏詩攷所引訂正、

徒

呂氏春秋異用離俗二篇注竝曰徒但也常語也

徒猶乃也莊子天地篇曰吾聞之夫子事求可功求成用力少見功多者聖人之道今徒不然言今乃不然也荀子子道篇子路謂子貢曰吾以夫子爲無所不知夫子徒有所不知又曰子貢謂子路曰女謂夫子爲有所不知乎夫子徒無所不知

獨

獨猶寧也豈也禮記樂記曰且女獨未聞牧野之語乎襄二十六年左傳曰夫獨無族姻乎

獨猶將也宣四年左傳曰棄君之命獨誰受之楚語曰其獨何力以待之孟子滕文公篇曰一薛居州獨如宋

王何

獨猶孰也何也呂氏春秋必己篇曰孔子行於東野今本作孔子行道而息乃後人所改辯見讀書雜志馬逸食人之稼野人取其馬子貢請往說之畢辭野人不聽有鄙人始事孔子者請往說之因謂野人曰子耕東海至於西海吾馬何得不食子之禾其野人大說相謂曰說亦皆如此其辯也與邪同獨如嚮之人解馬而與之高注曰獨猶孰也

柰

柰如也晉語曰柰吾君何

柰何如何也書召誥曰曷其柰何弗敬

柰何、或但謂之柰。淮南兵略篇曰、唯無形者無可柰也。楊雄廷尉箴曰、惟虐惟殺、人莫予柰。柰卽柰何也。

那

那者、柰之轉也。魏志毋邱儉傳注載文欽與郭淮書曰、所向全勝、要那後無繼何。言柰後無繼何也。故廣雅曰、柰、那也。

那者、柰何之合聲也。宣二年左傳曰、棄甲則那。杜注、那、猶何也。日知錄曰、直言之曰那、長言之曰柰何、一也。

爾雅曰、那、於也。於讀如字。郭讀爲於乎之於、又云、那、猶今人言那那也。皆非。辯見經義述聞。

越語曰、吳人之那不穀、亦又甚焉。韋注用爾雅。

都

爾雅曰、都、於也。於讀如字。孟子萬章篇曰、謨蓋都君咸我績。趙注用爾雅。史記司馬相如傳曰、揆厥所元、終都攸卒。集解引漢書音義與趙注同。都諸聲相近、故諸訓爲於、都亦訓爲於。而孟諸字又作明都也。

都、歎詞也。書堯典、驩兜曰、都。某氏傳曰、都、於。音烏。歎美之辭。故皋陶謨皋陶曰都、史記夏本紀都作於。

當

當、猶將也。儀禮特牲饋食禮記、佐食當事、則戶外南面。鄭注曰、當事、將有事而未至。孟子離婁篇曰、言人之不善。當如後患何。韓子外儲說右篇。太公望曰。且先王之所以使其臣民者。非爵祿則刑罰也。今四者不足以使之。則望當誰爲君乎。史記魏公子傳曰。公子當何面目立天下乎。又留侯世家曰。橫絕四海。當可柰何。當字竝與將同義。

當猶則也。墨子辭過篇曰。君實欲天下之治而惡其亂。當爲宮室不可不節。又曰。君實欲天下之治而惡其亂。當爲衣服不可不節。又曰。君實欲天下之治而惡其亂。當爲食飲不可不節。當字竝與則同義。

當猶如也。墨子明鬼篇曰。燕之有祖。當齊之有社稷。宋

之有桑林楚之有雲夢也僖三十三年左傳鄭之有原圃猶秦之有具囿也

儻　黨　當　尚

儻或然之詞也字或作黨或作當或作尚莊子繕性篇曰物之儻來寄也釋文儻崔本作黨荀子天論篇曰夫日月之有蝕風雨之不時怪星之黨見黨見或見也楊注訓黨爲頻九經古義訓爲所皆非辯見讀書雜志史記淮陰侯傳曰恐其黨不就漢書伍被傳曰黨可以徼幸墨子法儀篇曰然則奚以爲治法而可當皆法其父母奚若又曰黨皆法其君奚若秉愛篇曰當使若二士者言行之合猶合符節也無言而不行也若此也言儻使此二士之言行相合則無言而不行也非樂篇曰然則當

爲之撞巨鍾擊鳴鼓彈琴瑟吹竽笙而揚干戚民衣食之財將安可得乎安、猶於是也、說見安字下。又尚賢篇曰尚欲祖述堯舜禹湯之道將不可以不尚賢黨當尚並與儻同

始

始者近也周語鄭語注、及呂氏春秋高義士容二篇注、並同。幾也禮記檀弓注。將然之詞也書顧命曰始弗興弗寤

誕

誕發語詞也書大誥曰殷小腆誕敢紀其敘又曰誕鄰胥伐于厥室君奭曰誕無我責多方曰須暇之子孫誕作民主詩皇矣曰誕先登于岸生民曰誕彌厥月誕寘

之隘巷、誕寘匍匐、誕后稷之穡、誕降嘉種、誕我祀如何、諸誕字皆發語詞。說者用爾雅誕大也之訓、則詰鞫爲病矣。

誕、句中助詞也。書大誥曰、肆朕誕以爾東征、是也。說者訓爲大、亦失之。

迪

迪、詞之用也。書牧誓、昏棄厥遺王父母弟不迪、史記周本紀不迪作不用。迪爲不用之用、又爲語詞之用、義相因也。書皋陶謨曰、咸建五長、各迪有功、言各用有功也。大誥曰、亦惟十人迪知上帝命、言惟此十人用知上帝命也。王肅曰、民十夫用知天命。康誥曰、今惟民不靜、未戾厥心、迪屢未同多方曰爾乃迪屢不靜亦謂用屢未同用屢不靜也酒誥曰在昔殷先哲王迪畏天顯小民言用畏天顯小民也無逸曰自殷王中宗及高宗及祖甲及我周文王茲四人迪哲言惟茲四人用哲也君奭曰茲迪彝教文王蔑德言惟此五人用常教文王以精微之德也又曰亦惟純右秉德迪知天威乃惟時昭文王迪見冒亦謂用知天威用見勉也冒馬本作勖云勉也說見經義述聞康誥又曰武王惟茲四人尚迪有祿言惟茲四人尚用有祿也立政曰迪知忱恂于九德之行亦謂用知誠信于九德之行也迪知上帝命迪知天威迪知忱恂于九德之行文

義正相近也史記夏本紀各迪有功作各道有功某氏傳於諸迪字或訓爲道或訓爲蹈皆於文義未協

迪發語詞也書般庚曰迪高后丕乃崇降弗祥言高后丕乃崇降不祥也上文曰高后丕乃崇降罪疾迪語詞耳君奭曰迪惟前人光施于我沖子立政曰古之人迪惟有夏兩迪字亦是語詞王肅注及某氏傳或訓爲道或訓爲蹈亦於文義未協

迪句中語助也酒誥曰又惟殷之迪諸臣惟工是也某氏訓爲蹈亦失之

直

直猶特也。呂氏春秋忠廉分職二篇注並云：特，猶直也。但也。淮南精神篇注。禮記祭義曰：參直養者也，安能爲孝乎。文十一年穀梁傳曰：不言帥師而言敗，何也。直敗一人之辭也。孟子梁惠王篇曰：直不百步耳，是亦走也。莊子德充符篇曰：某也直後而未往耳。荀子榮辱篇曰：是其爲相縣也，幾直夫芻豢之縣糟糠爾哉。幾與豈同。齊策曰：衍非有怨於儀，直所以爲國者不同耳。直特古同聲，故詩柏舟「實維我特」，韓詩特作直。史記叔孫通傳「吾直戲耳」，漢書直作特。

直，猶特也，專也。晏子雜篇曰：齊命使各有所主，其賢者使之賢主，不肖者使之不肖主。嬰最不肖，故直使楚矣。

直使楚特使楚也、韓詩外傳曰、臣里母相善婦見疑盜肉、其姑去之、恨而告于里母、里母曰、安行、今令姑呼女、即束蘊請火去婦之家、曰、吾犬爭肉相殺、請火治之、姑乃直使人追去婦還之、言特使人追還去婦也、史記留侯世家曰、良嘗閒從容步游下邳圯上、（今本史記漢書圯作圮、皆後人所改、劉攽、宋祁已辯之）有一老父衣褐至良所、直墮其履圯下、顧謂良曰、孺子下取履、言特墮其履於橋下、使良取之也、（史記漢書注解直字皆誤、辯見讀書雜志）梁孝王世家曰、平王襄直使人開府取罍樽賜任王后、言特使人取罍樽賜之也、以上四直字亦訓為特、而與前異義、

疇　曷　𠰌

爾雅曰、疇、誰也、書堯典帝曰、疇咨若時登庸、史記五帝紀作誰可順此事、字本作𠰌、又作𠰌、說文𠰌、誰也、今本作𠰌非、據廣韻引改、又曰𠰌、詞也、虞書曰、帝曰𠰌咨

疇、發聲也、禮記檀弓曰、予疇昔之夜、鄭注、疇、發聲也、昔猶前也、宣二年左傳曰、疇昔之羊子爲政、疇、誰、一聲之轉、故疇昔之轉爲誰昔、互見誰字下、

經傳釋詞弟六

經傳釋詞弟七

高郵王引之

而

而者、承上之詞、或在句中、或在句首、其義一也、常語也、

漢書韋賢傳注曰、而者、句絕之辭、詩著曰、俟我於著乎而、論語子罕篇引詩曰、唐棣之華、偏其反而、微子篇曰、已而已而、宣四年左傳曰、若敖氏之鬼不其餒而、逸周書芮良夫篇曰、不其亂而、

而、猶如也、易明夷象傳曰、君子以莅衆用晦而明、虞注曰、而、如也、詩君子偕老曰、胡然而天也、胡然而帝也、毛

傳曰、尊之如天、審諦如帝、都人士曰、垂帶而厲、箋曰、而厲、如鞶厲也、昭四年左傳曰、牛謂叔孫、見仲而何、杜注曰、而何、如何也、管子樞言篇曰、能而稷乎、能而麥乎、孟子萬章篇曰、而居堯之宮、逼堯之子、是篡也、荀子仲尼篇曰、財利至、則言善而不及也、楊倞注、而、如也、呂氏春秋順說篇曰、與生與長、而言之與響、齊策曰、而此者三、高注、而、如也、漢書賈誼傳曰、變化而嬗、史記索隱引韋昭注、而、如也、而字竝與如同義、而與如同義、故二字可以互用、詩都人士曰、彼都人士、垂帶而厲、彼君子女、卷髮如蠆、大戴記衛將軍文子篇曰、滿而不滿、實如虛、過之如不及、孟子離婁篇曰、文王視民如傷望道而未之見荀子彊國篇曰黭然而雷擊之如牆厭之說苑奉使篇曰意而安之願假冠以見意如不安願無變國俗皆以如而互用故詩垂帶而厲內則注引而作如荀子哀公篇從物如流大戴記哀公問五義篇如作而襄十二年左傳夫婦所生若而人晉書禮志而作如史記鄒陽傳白頭如新傾蓋如故新序雜事篇如竝作而

而猶若也若與如古同聲故而訓爲如又訓爲若大戴記衞將軍文子篇孔子曰而商也其可謂不險也而商也與論語若由也同義襄二十九年左傳曰且先君而

有知也與上文先君若有知也同義而與若同義故二字可以互用詩猗嗟曰頎而長兮抑若揚兮而若、皆然也、毛傳抑美色、揚廣揚、昭二十六年左傳晏子曰後世若少惰陳氏而不亡則國其國也已皆以而若互用故書康誥若有疾荀子富國篇若作而詩甫田篇突而弁兮猗嗟篇頎而長兮正義而竝作若都人士篇垂帶而厲淮南氾論篇注而作若襄三十年左傳子產而死呂氏春秋樂成篇而作若周官旅師而用之鄭注而讀爲若案而亦可讀爲如、論語如用之是也、

而猶然也書皋陶謨曰啟呱呱而泣言呱呱然泣也詩

野有死麕曰、舒而脫脫兮、箋曰、脫脫然舒、甫田曰、突而弁兮、箋曰、突爾加冠爲成人、爾亦然也、猗嗟曰、頎而長兮、說見上 文十七年左傳曰、鋌而走險、杜注、鋌、疾走貌 宣十二年傳曰、及楚殺子玉、公喜而後可知也

而、猶乃也 乃與而對言之則異、散言之則同、說見乃字下 詩杕杜曰、期逝不至而多爲恤、言乃多爲憂也、鄉射禮曰、而錯、言乃錯也、大戴記曾子本孝篇曰、如此而成於孝子也、言如此乃成爲孝子也、檀弓曰、而曰然、鄭注、而、猶乃也、祭義曰、已徹而退、無敬齊之色、而忘本也、言乃忘本也 鄭以而爲衍字、失之 昏義曰、禮之大體、而所以成男女之別、而立夫婦之義也

言乃所以成男女之別、立夫婦之義也。宣十三年左傳曰、誅而薦賄、則無及也。言誅乃薦賄也。成十六年傳、夏書曰、怨豈在明、不見是圖、將慎其細也。今而明之、其可乎。言今乃明之也。昭元年傳曰、賈而欲贏、而惡囂乎。言乃惡囂也。哀四年傳曰、如牆而進、多而殺二人。言多乃殺二人也。二十五年傳曰、衆怒難犯、休而易間也。言休乃易間也。周語曰、匹夫專利、猶謂之盜、王而行之、其歸鮮矣。言王乃行之也。宣十五年公羊傳曰、吾今取此、然後而歸爾。言然後乃歸也。莊十二年穀梁傳曰、國而曰歸、此邑也。其曰歸何也。言國乃曰歸也。論語泰伯篇曰、而今而後、吾知免夫、言乃今而後也。襄七年左傳、吾乃今而後知有卜筮。故堯典、試可乃已、史記五帝紀作試不可用而已。禮記曲禮、卒哭乃諱、雜記乃作而、僖二十八年左傳、數之以其不用僖負羈而乘軒者三百人也、史記曹世家而作乃。史記淮陰侯傳、相君之背、貴乃不可言、漢書蒯通傳乃作而。

而、猶則也。易繫辭傳曰、君子見幾而作、不俟終日、言見幾則作也。僖十五年左傳曰、何爲而可、言何爲則可也。襄十八年傳曰、若可、君而繼之、言君則繼之也。楚語曰、若防大川焉、潰而所犯必大矣、言潰則所犯必大也。莊三十二年公羊傳曰、君親無將、將而誅焉、言將則誅也、又晉語曰、文公學讀書於臼季三日、曰、吾不能行咫（咫猶耳也、今本咫上有也字、乃後人所加、辯見咫字下、）聞則多矣、對曰、然而多聞以待能者、不猶愈也（也與邪同、俗本也作乎、乃後人所改、今從宋本、）然而、然則也、而與則同義、故二字可以互用、喪服傳曰、何如而可爲之後、同宗則可爲之後（而亦則也、下文曰、何如則可謂之兄弟、）禮記喪服小記曰、士妾有子而爲之緦、無子則已、墨子明鬼篇曰、非父則母、非兄而姒也、史記欒布傳曰、與楚則漢破、與漢而楚破、皆以而則互用、故喪服小記、有五世而遷之宗、大傳而作則、樂記、喜則天下和之、怒則暴亂者畏之荀子樂論篇則竝作而孟子公孫丑篇可以仕則仕可以止則止可以久則久可以速則速萬章篇則竝作而秦策物至而反致至而危史記春申君傳而竝作則燕策然而王何不使布衣之人以窮齊之說說秦史記蘇秦傳然而作然則漢書鄒陽傳然而計議不得雖諸賁不能安其位亦明矣文選亦作然則

家大人曰而猶以也楊倞注荀子彊國篇曰而往猶已上也（己與以同凡書傳中言而上而下而前而後者皆放此）書顧命曰眇眇予末小子其能而亂四方言其能以治四方也（某氏傳能如父祖治四方失之）墨子尚賢篇曰使天下之爲善者可而勸也爲暴者

可而沮也，又曰：上可而利天，中可而利鬼，下可而利人。莊子天下篇曰：其風窾然，惡可而言。呂氏春秋去私篇曰：晉平公問於祁黃羊曰：南陽無令，其誰可而爲之？可而爲，可以爲也。高注「而，能也」，失之。辯見讀書雜志。不屈篇曰：惠子曰：若王之言，則施不可而聽矣。用民篇曰：處次官，執利勢，不可而不察於此。以上凡言可而者，皆謂可以也。荀子成相篇曰：子胥進諫不聽，剄而獨鹿棄之江。言剄以屬鏤之劒而棄之江也。楊注：獨鹿，與屬鏤同。而與以同義，故二字可以互用。宣十五年左傳曰：敝邑易子而食，析骸以爨。墨子尚同篇曰：上用之天子，可以治天下矣；中用之諸侯，可而治其國矣下用之家君可而治其家矣史記趙世家曰聾以德與國實而伐空韓皆以而以互用又見以字下故繫辭傳上古結繩而治論衡齊世篇引而作以襄十一年左傳和諸戎狄以正諸華晉語以作而昭元年傳櫜甲以見子南考工記匠人注引以作而魏策無河山以闌之無周韓以閒之史記魏世家以作而

而猶與也及也論語雍也篇曰不有祝鮀之佞而有宋朝之美難乎免於今之世矣言有祝鮀之佞與有宋朝之美也皇侃疏言人若不有祝鮀佞及有宋朝美則難免今之患難也及亦與也墨子尚同篇曰聞善而不善皆以告其上言善與不善也韓子說

林篇曰、以管子之聖而隰朋之智、言管仲與隰朋也、而與聲之轉、故莊子外物篇與其譽堯而非桀、大宗師篇與作而

如

廣雅曰、如、若也、常語

昭十二年公羊傳注曰、如猶柰也、凡經言如何、如之何者皆是、

如、詞助也、易屯六二、屯如亶如、子夏傳曰、如、辭也、

如猶然也、若論語鄉黨篇恂恂如、踧踖如、勃如、躩如之屬是也、詩旄邱曰、褎如充耳、毛傳、褎然有尊盛之服、野有蔓草曰

婉如清揚義亦同也如然者之轉故詩葛屨宛然左辟說文引作宛如左僻

如猶而也詩柏舟曰耿耿不寐如有隱憂如有而有也正義曰如人有痛疾之憂失之辯見經義述聞車攻曰不失其馳舍矢如破如破而破也家大人曰舍矢而破與舍拔則獲同意皆言其中之速也楚策云壹發而殪意亦與此同箋曰如椎破物孟子滕文公篇趙注曰應矢而死者如破皆誤解如字大戴記王言篇曰使有司月省如時考之夏小正篇曰記鴻鴈之遰也如不記其鄉何也保傳篇曰則親疏有序如恩相及矣如字竝與而同義禮記檀弓曰天下豈有無父之國哉吾何行如之如而也之至也何行而至言無可至之國也宣十七年穀梁傳曰兄弟也何去而之范注曰言無所

至是也晉語作吾誰鄉而入意亦同也隱七年左傳曰及鄭伯盟歃如忘服虔曰如而也莊七年傳曰星隕如雨與雨偕也劉歆曰如而也星隕而且雨故曰與雨偕也見漢書五行志襄二十三年傳曰非鼠如何宣六年公羊傳曰此非弒君如何唐石經及蜀本宋本竝如是今本改如爲而晏子諫篇曰聾瘖非害國家如何也楚策曰非故如何也趙策曰非反如何也竝與而何同義又昭六年左傳曰火如象之不火何爲逸周書後大匡篇曰勇如害上則不登於明堂管子水地篇曰男女精氣合而水流形三月如咀荀子儒效篇曰鄉是如不臧倍是如不亾者自古及今未

嘗有也、如字亦與而同義、大戴記保傅篇曰、安如易樂而湛、文王官人篇曰、合志如同方、共其憂而任其難、春秋繁露王道通三篇曰、施其時而成之、法其命如循之、鹽鐵論世務篇曰、見利如前、乘便而起、如亦而也、互文耳、故左傳歃如忘、說文如作而、火如象之、漢書五行志如作而、荀子勸學篇、君子博學而日參省乎己、大戴記而作如、

如、猶乃也、詩常武曰、王奮厥武、如震如怒、言乃震乃怒也、箋曰、而震雷其聲、而勃怒其色、而、亦乃也、正義曰、如天之震雷其聲、如人之勃怒其色、則誤解如字矣、大戴記少閒篇曰、臣之言未盡、請盡臣之言、君如財之、

言請俟臣之言盡君乃裁之也論語憲問篇曰桓公九合諸侯不以兵車管仲之力也如其仁如其仁言管仲不用民力而天下安乃其仁乃其仁也孔傳曰誰如管仲之仁加誰字以解之於文義未安如猶則也史記淮南王傳王曰上無太子宮車卽晏駕廷臣必徵膠東王不如常山王不與否同言廷臣必徵膠東王否則常山王也漢書作不卽常山王卽亦則也如猶不如也隱元年公羊傳曰母欲立之已殺之如勿與而已矣何注曰如卽不如齊人語也如猶當也宋策曰夫宋之不足如梁也寡人知之矣商

注曰如當也如爲相當之當又爲當如是之當僖二十二年左傳曰若愛重傷則如勿傷愛其二毛則如服焉正義曰如猶不如古人之語然猶似敢卽不敢家大人曰孔說非也如猶當也言若愛重傷則當勿傷之愛其二毛則當服從之也又二十一年傳曰巫尪何爲天欲殺之則如勿生言天欲殺之則當勿生之也昭十三年傳曰二三子若能死亾則如違之以待所濟若求安定則如與之以濟所欲言若能死亾則當違之若求安定則當與之也二十一年傳曰君若愛司馬則如亾言君若愛司馬而不欲亾之則當自亾也定五年傳曰不能

如辭言旣不能則當辭也八年傳曰然則如叛之言旣不畏晉則當叛之也杜解君若愛司馬則如亾云言若愛司馬則當亾走失國解不能如辭云言自知不能當辭勿行是杜訓如爲當非訓爲不如也且成二年傳曰若知不能則如無出今旣遇矣不如戰也上言如下言不如則如非不如明矣又大戴記保傅篇曰不習爲吏如視已事墨子貴義篇曰今天下莫爲義則子如勸我者也何故止我如字亦與當同義

如猶將也宣十二年左傳曰有喜而憂如有憂而喜乎言憂喜各因其事若有喜而憂則亦將有憂而喜乎漢

書翟義傳義部掾夏恢等收縛宛令劉立傳送鄧獄恢白義可因隨後行縣送鄧義曰欲令都尉自送則如勿收邪言汝欲令都尉自送則將勿收邪師古注以如爲不如誤與左傳正義同又孟子公孫丑篇寡人如就見者也如字亦與將同義

如猶與也及也書堯典曰脩五禮五玉三帛二牲今本改牲爲生非辯見經義述聞一死贄如五器如者及也五器蓋卽五等諸侯朝聘之禮器自五玉以下皆蒙上脩字言之言五玉三帛二牲一死之贄及所用之五器皆因五禮而竝脩之也舊說如五器皆誤辯見經義述聞儀禮鄉飲酒禮公如大夫入

謂公與大夫入也鄭讀如爲若若亦與也說見若字下賈疏謂大夫之於公更無異禮失之辯見經義述聞論語先進篇曰方六七十如五六十又曰宗廟之事如會同如字並與與同義史記虞卿傳趙王問樓緩曰予秦地如毋予孰吉今本如上有何字乃後人所加辯見讀書雜志言予秦地與不予二者孰吉也新序善謀篇如作與是其證如與聲相近故如訓爲與與亦訓爲如互見與字下

如猶於也莊子德充符篇申徒嘉謂子產曰先生之門固有執政焉如此哉言先生之門固無執政於此也呂氏春秋愛士篇曰人之困窮甚如饑寒言甚於饑寒也

史記汲黯傳曰丞相宏燕見上或時不冠至如黯見上不冠不見也言至於黯見則上必冠也

如猶乎也禮記祭義善如爾之問也呂氏春秋孝行篇作善乎而問之是善如卽善乎也莊子齊物論篇曰不亦善乎而問之也

若

考工記梓人注曰若如也常語

若猶柰也凡經言若何若之何者皆是

若詞也易豐六二有孚發若節六三不節若則嗟若王注竝曰若辭也書洪範曰曰肅時雨若曰乂時暘若曰哲時燠若曰謀時寒若曰聖時風若禮記禮器曰有所

竭情盡慎，致其敬而誠若，有美而文而誠若。

若猶然也。易乾九三曰：「夕惕若厲。」離六五曰：「出涕沱若，戚嗟若。」巽九二曰：「用史巫紛若。」詩氓曰：「其葉沃若。」皇皇者華曰：「六轡沃若。」並與然同義。又詩猗嗟曰：「抑若揚兮。」正義曰：「抑然而美者，其額上揚廣兮。」文十四年公羊傳曰：「力沛若有餘。」義亦同也。

家大人曰：猶若，猶然也。禮記禮運曰：「其燔黍捭豚，汙尊而抔飲，蕢桴而土鼓，猶若可以致其敬於鬼神。」言物雖質略，猶然可以致敬也。正義曰：「若，如也。言猶如此，亦可以致其恭敬於鬼神。」失之。管子輕重甲篇曰：「君雖彊本趣耕，發草立幣而無止，民猶若不足也墨子尙賢篇曰、未知所以行之之術、則事猶若未成荀子不苟篇曰、雖作於心、見於色、出於言、民猶若未從也、楊倞注、若、如也、亦失之呂氏春秋誣徒篇曰、爲之而樂矣、奚待賢者、雖不肖者猶若勸之、蕩兵篇曰、中主猶若不能有其民、而況於暴君乎、並與猶然同義

史記禮書正義曰、若、如此也書大誥曰、爾知寧王若勤哉、言如此勤也孟子梁惠王篇曰、以若所爲、求若所欲、言如此所爲、如此所欲也荀子禮論篇曰、故人苟生之爲見、若者必死、苟利之爲見、若者必害、言如此者必死、如此者必害也

若猶此也、莊四年公羊傳曰、有明天子、則襄公得爲若行乎、謂此行也、僖二十六年傳曰、曷爲以外內同若辭、謂此辭也、定四年傳曰、君如有憂中國之心、則若時可矣、謂此時也、論語公冶長篇曰、君子哉若人、謂此人也、管子八觀篇曰、不通於若計者、不可使用國、晏子諫篇曰、雖有至聖大賢、豈能勝若讒哉、墨子節葬篇曰、法若言、行若道、呂氏春秋振亂篇曰、爲天下之長患、致黔首之大害者、若說爲深、齊策曰、聞若言、莫不揮泣奮臂而欲戰、若字並與此同義、

連言之則曰若此、或曰此若、定四年公羊傳、則若時可

矣穀梁傳作則若此時可矣禮記曾子問篇孔子說宗子去在他國庶子無爵而居者代祭之禮云子游之徒有庶子祭者以此若義也鄭讀以此爲一句若義也爲一句注曰若順也家大人曰以此若義也五字當作一句讀以用也此若二字連讀若亦此也言子游之徒有庶子祭者用此義也（說詳經義述聞）荀子儒效篇曰行一不義殺一無罪而得天下不爲也此若義信乎人矣（今本若譌作君）楊注曰以君義通於四海非也新序雜事篇作若義信乎人矣若亦此也管子山國軌篇曰此若言何謂也地數篇曰此若言可得聞乎輕重丁篇曰此若言曷謂也墨子尙賢篇曰此若言之謂也節葬

篇曰、以此若三聖王者觀之、又曰、以此若三國者觀之、史記蘇秦傳曰、王何不使辯士以此若言說秦、今本若譌作苦、燕策作若此言、皆竝用此若二字

若猶及也至也書召誥曰、越五日甲寅位成若翼日乙卯、言及翼日乙卯也吳語越大夫種曰、王若今起師以會、言及今起師以會戰也故成二年左傳病未及欤晉語作病未若欤

若猶及也與也書召誥曰、旅王若公周官䍐隷曰、凡封國若家儀禮燕禮曰、冪用綌若錫、禮記内則曰、父母有婢子若庶子庶孫、襄十三年左傳曰、請爲靈若厲、

若、猶或也。管子白心篇曰、夫或者何、若然者也。儀禮士昏禮記曰、若衣若笄。襄十一年左傳曰、若子若弟。又曰、君若能以玉帛綏晉。昭十三年傳曰、若入於大都而乞師於諸侯。定四年傳曰、若聞蔡將先衞。信。乎。隱四年公羊傳曰、公子翬恐若其言聞乎桓。

若夫、轉語詞也。易繫辭傳曰、若夫雜物撰德、辨是與非、則非其中爻不備。是也。

若夫、發語詞也。大戴記衞將軍文子篇、文子曰、若夫知賢人、莫不難。孝經、曾子曰、若夫慈愛恭敬、安親揚名、則聞命矣。是也。

若乃亦轉語詞也。齊策曰：若乃得去不肖者而爲賢者狗，豈特攫其腓而噬之耳哉？是也。

若而，者。不定之詞也。襄十二年左傳曰：天子求后於諸侯，諸侯對曰：夫婦所生若而人，妾婦之子若而人。無女而有姊妹及姑姊妹，則曰：先守某公之遺女若而人。昭三年傳曰：則猶有先君之適及遺姑姊妹若而人。

若干，者，亦不定之詞也。禮記曲禮曰：始服衣若干尺矣。投壺曰：某賢於某若干純。

家大人曰：若，猶其也。書召誥曰：我亦惟茲二國命，嗣若功。若，其也。嗣其功者，嗣二國之功也。某氏傳曰：繼順其功德者而法則之。

訓若爲順非是昭元年左傳趙文子請叔孫於楚曰子若免之以勸左右可也言子其免之以勸左右也二十六年傳子猶言於齊侯曰君若待於曲棘使羣臣從魯君以卜焉言君其待於曲棘也

顧懽注老子曰若而也家大人曰書金縢篇予仁若考史記魯世家作旦巧巧考古字通若而語之轉予仁若考者予仁而巧也唯巧故能多材多藝能事鬼神也某氏傳訓若爲順考爲父皆失之詳見經義述聞易夬九三曰君子夬夬獨行句遇雨若濡言遇雨而濡也莊二十二年左傳曰幸若獲宥及於寬政言幸而獲宥也吳語越王

命徇於軍曰、有眩瞀之疾者以告、王親命之曰、我有大事、子有眩瞀之疾、其歸若己、言子其歸而止息也

小爾雅曰、若、乃也、書秦誓曰、日月逾邁、若弗員來、言乃弗云來也、某氏傳訓若爲如、失之、周語引書曰、必有忍也、若能有濟也、韋注曰、若、猶乃也、管子海王篇曰、一女必有一鍼一刀、若其事立、耕者必有一耒一耜一銚、若其事立、行服連軺輂者、必有一斤一鋸一椎一鑿、若其事立、孟子公孫丑篇曰、今言王若易然、則文王不足法與、若字並與乃同義、又書稱王若曰、微子若曰、父師若曰、周公若曰者、並與乃曰同義

若猶則也。老子曰：故貴以身爲天下，若可寄天下；愛以身爲天下，若可託天下。莊子在宥篇若竝作則。

家大人曰：若，詞之惟也。般庚曰：予若籲懷茲新邑。大誥曰：若昔朕其逝。君奭曰：若天棐忱。大誥曰越天棐忱，越字亦語助。呂刑曰：若古有訓。若字皆是語詞之惟。又文侯之命曰：女多脩，扞我于艱，若女予嘉。吳語曰：伯父令女來明紹享余一人，若余嘉之。禮記祭統曰：叔舅，予女銘，若纂乃考服。若字亦是語詞之惟。金縢曰：惟爾元孫某，遘厲虐疾，若爾三王。若亦惟也，互文耳。說者或訓爲順，某氏尚書傳。或訓爲汝，鄭氏祭統注。或訓爲如，王肅文侯之命注。皆於文義未協。

然

范望注太元務測曰然猶是也常語也

廣雅曰然譍也譍通作應禮記檀弓曰有子曰然然則夫子有爲言之也論語陽貨篇曰然有是言也孟子公孫丑篇曰然夫時子惡知其不可也此三然字但爲應詞而不訓爲是

家大人曰然故是故也禮記少儀曰事君者量而后入不入而后量凡乞假於人爲人從事者亦然然故上無怨而下遠罪也然故、是故也、正義以然字絕句讀、失之義見下管子任法篇曰聖君置儀設法而固守之然故諶杵習士聞識博學之人、不可亂也、衆彊富貴私勇者、不能侵也、信近親愛者不能離也、珍怪奇物、不能惑也、萬物百事非在法之中者不能動也、今天下則不然、皆有善法而不能守也、然故諶杵習士聞識博學之士能以其智亂法惑上、衆彊富貴私勇者、能以其威犯法侵陵鄰國諸侯、能以其權置子立相、大臣能以其私附百姓、翦公財以祿私士、又曰、聖君設度量置儀法、如天地之堅、如列星之固、如日月之明、如四時之信、然故令往而民從之、又曰、遵主令而行之、雖有傷敗無罰、非主令而行之、雖有功利、罪死、然故下之事上也、如響之應聲也、臣之事主也、如景之從形也、荀子大略篇曰、從士以上皆羞利而不與民爭業樂分施而恥積藏然故民不困財貧窶者有所竄其手韓子難三曰、力盡於事、歸利於上者必聞、聞者必賞、汙穢爲私者必知、知者必誅然故忠臣盡忠於公民上竭力於家百官精尅於上以上諸書皆以然故二字連讀

禮記大傳注曰、然如是也、凡經稱然則雖然不然無然胡然夫然者皆是也常語也

然詞之轉也、亦常語也

然而者亦詞之轉也、孟子公孫丑篇曰、夫二子之勇未

知其孰賢、然而孟施舍守約也、今人用然而二字皆與此同義

然而者、詞之承上而轉者也、猶言如是而也、考工記曰、材美工巧、然而不良、則不時、不得地氣也、儀禮喪服傳曰、故昆弟之義無分、然而有分者、則辟子之私也、禮記文王世子曰、有父在則禮然、然而衆知父子之道矣、三年問曰、將由夫患邪淫之人與、則彼朝死而夕忘之、然而從之、則是曾鳥獸之不若也、僖三十三年公羊傳曰、或曰往矣、或曰反矣、然而晉人與姜戎要之殽而擊之、何注、然、然上議、猶豫留住之頃也、宣六年傳曰、然而宮中甲鼓而起、定

八年傳曰、然而甲起於琴如孟子梁惠王篇曰、七十者衣帛食肉、黎民不飢不寒、然而不王者、未之有也、以上言然而者、皆謂如是而也、今人用然而二字、則與此異義矣

然狀事之詞也、若論語斐然喟然儼然之屬是也、常語也

然比事之詞也、若大學如見其肺肝然是也、亦常語

然猶焉也、禮記檀弓曰、穆公召縣子而問然、鄭注、然之言焉也、祭義曰、國人稱願然、句曰、幸哉有子如此、然猶焉也、上屬爲句、鄭注、然猶而也、則下屬爲句、失之、哀公問曰、君子以此之爲尊敬

然。又曰、寡人願有言然。論語泰伯篇曰、禹吾無閒然矣。先進篇曰、若由也不得其死然。孟子公孫丑篇曰、今時則易然也。然字並與焉同義。又楚辭九章曰、然容與而狐疑。九辯曰、然欿傺而沈藏。然字亦與焉同義。然、焉、皆乃也、說見焉字下。焉然古同聲、故祭義國人稱願然。大戴記曾子大孝篇然作焉。

然、猶而也。詩終風曰、惠然肯來。言惠而肯來也。北風曰、惠而好我。定之方中曰、卜云其吉、終然允臧。言既而允臧也。終猶既也、說見終字下。定八年公羊傳曰、御反、舍于郊、皆說然息。言脫而息也。何注、然猶如。如、亦而也。管子版法解篇曰、然則君子之

爲身無好無惡然已乎然已而已也

然後而後也乃也常語也

然且而且也昭十三年穀梁傳曰失德不葬弑君不葬滅國不葬然且葬之孟子公孫丑篇曰識其不可然且至莊子秋水篇曰其不可行明矣然且語而不舍韓子難言篇曰夫至智說至聖然且七十說而不受

然猶乃也晉語文公謂寺人勃鞮曰豈不如女言然是吾惡心也言乃是吾惡心也吾請去之莊子天地篇曰始也我以女爲聖人邪今然君子也荀子脩身篇曰行而供冀非漬淖也行而俯項非擊戾也偶視而先俯非恐懼也

然夫士欲獨脩其身、不以得罪於比俗之人也、言士之恭敬如此、乃欲自脩其身、非恐得罪於流俗也、賈子脩政語篇曰、譬其若去口之明於庭、而就火之光於室也、然可以小見而不可以大知、司馬相如封禪文曰、若然辭之、是泰山靡記而梁甫罔幾也、史記傅靳蒯成傳贊曰、蒯成侯周緤操心堅正、身不見疑、上欲有所之、未嘗不垂涕、此有傷心者、然可謂篤厚君子矣、然字竝與乃同義、

然猶則也、墨子尚同篇曰、何以知尚同一義之可而爲政於天下也、然胡不審稽古之治、爲政之說乎、非命篇曰、有聞之有見之謂之有、莫之聞莫之見謂之亾、然胡

不嘗考之百姓之情，自古以及今，生民以來者，亦嘗見命之物，聞命之聲者乎？然，胡不？則胡不也。莊子外物篇曰：鮒魚曰：吾得斗升之水然活耳。然活，則活也。

尔　爾

説文：尔，詞之必然也。字通作爾。鄭注檀弓曰：爾，語助也。文選古詩注引字書曰：爾，詞之終也。常語也。

爾，猶然也。若論語「卓爾」、「率爾」、「鏗爾」、「莞爾」之屬是也。亦常語。

爾，猶如此也。雜記曰：宦於大夫者之爲之服也，自管仲始也。有君命焉爾也。焉，猶乃也。見焉字下。爾，如此也。言有君命乃如此也。孟子告子篇曰、富歲子弟多賴、凶歲子弟多暴、非天之降才爾殊也。言非天之降才如此其異也。凡後人言不爾乃爾、果爾、聊復爾耳者、並與此同義。

爾、猶此也。隱二年公羊傳曰、前此、則曷爲始乎此、託始焉爾。何注、焉爾、猶於是也。是、亦此也。僖二十一年公會諸侯盟于薄、釋宋公。傳曰、執未有言釋之者、此其言釋之何、公與爲爾也。公與爲爾、奈何、公與議爾也。言公與爲此、公與議此也。

爾、猶而已也。禮記檀弓曰、不以食道、用美焉爾。言用美焉而已也。又曰、唯祭祀之禮、主人自盡焉爾、豈知神之所饗、亦謂主人自盡焉而已也。郊特牲曰、豈知神之所饗也、主人自盡其敬而已矣、是其證也。莊四年公羊傳曰、其國亾矣、徒葬於齊爾。僖三十一年傳曰、不崇朝而徧雨乎天下者、唯大山爾。論語鄉黨篇曰、便便言、唯謹爾。竝與而已同義。

爾、猶矣也。詩噫嘻曰、噫嘻成王、既昭假爾。箋曰、噫嘻乎能成周王之功、其德已著至矣。是爾與矣同義。又僖二十年公羊傳曰、君若用臣之謀、則今日取郭而明日取虞爾。宣十五年傳曰、莊王圍宋、軍有七日之糧爾、盡此不勝、將去而歸爾。數爾字亦與矣同義。

爾，猶焉也。隱元年公羊傳曰：「然則何言爾？」二年傳曰：「何譏爾？」三年傳曰：「何危爾？」僖五年穀梁傳曰：「何尊焉？」又曰：「何重焉？」僖二年傳曰：「則中國曷爲獨言齊宋至爾？」爾字竝與焉同義。又禮記檀弓曰：「夫子何善爾也？」孟子滕文公篇曰：「彼有取爾也。」離婁篇曰：「所惡勿施爾也。」爾字亦與焉同義。

耳

耳，猶而已也。論語陽貨篇：「前言戲之耳。」是也。管子臣乘馬篇曰：「故春事二十五日之內耳也。」耳也者，而已也。也晏子雜篇曰：「晏子食脫粟之食，炙三弋五卵苔菜耳矣。」孟子離婁篇曰：「人之易其言也，無責耳矣。」呂氏春秋壹行篇曰、與麋鹿虎狼無以異、多勇者則爲制耳矣耳矣者而已矣也（此與後耳矣異義、）齊策曰、若乃得去不肖者而爲賢者狗、豈特攫其腓而噬之耳哉耳哉者而已哉也、

家大人曰、耳、猶矣也、大戴記曾子立事篇曰、嗜酤酒、好謳歌、巷遊而鄉居者乎、吾無望焉耳、言吾無望焉矣也禮記樂記曰、則樂之道歸焉耳、歸、終也、（見呂氏春秋報更求人二篇法）言萬物各得其所、則樂之道終焉矣、（正義謂歸功於樂、失之）論語雍也篇曰、女得人焉耳乎、言汝得人焉矣乎、

耳矣、猶已矣也、已與矣皆詞之終而連言之則曰已矣論語、始可與言詩已矣、是也、耳與矣亦皆詞之終、而連

言之則曰耳矣禮記檀弓曰勿之有悔焉耳矣祭統曰夫銘者壹稱而上下皆得焉耳矣是也耳與已聲相近或言已矣或言耳矣其義一也

仍

爾雅曰仍乃也史記淮南衡山傳贊曰淮南衡山專挾邪僻之計謀爲畔逆仍父子再亾國各不終其身仍者乃也言淮南衡山謀爲畔逆乃至父子再亾其國各不終其身也漢書贊與史記同師古曰仍頻也頻父子再亾國斯爲不詞矣又匈奴傳漢復遣大將軍衛青將六將軍十餘萬騎仍再出定襄數百里擊匈奴仍亦乃也

故史記作乃再出定襄師古曰仍頻也頻再出定襄愈爲不詞矣說文仍從乃聲故乃字或通作仍說見經義述聞爾雅

聊 憀

詩泉水曰聊與之謀毛傳聊願也箋曰聊且略之辭聲類作憀義與箋同見文選笙賦注

來

來詞之是也詩谷風曰不念昔者伊予來塈伊惟也來猶是也塈讀爲愾愾怒也此承上有洸有潰言之毛傳洸洸武也潰潰怒也言君子不念昔日之情而惟我是怒也毛傳塈息也箋

日、君子忘舊、不念往昔年稚我始來之睞安息我、皆失之、辯見經義述聞桑柔曰既之陰女反予來赫言我以善言蔭覆汝而汝反於我是赫怒也伊予來塈反予來赫句法正相近矣又四牡曰將母來諗言我惟養母是念也采芑曰荊蠻來威今本荊蠻譌作蠻荊、段氏若膺詩經小學已正之、江漢曰淮夷來求淮夷來鋪皆謂荊蠻是威、淮夷是求淮夷是病也江漢又曰王國來極亦謂王國是正也漢書兒寬傳天子建中和之極師古曰極、正也、引周禮以為民極逸周書武順篇日正及神人日極六月曰王于出征以匡王國是也、解者皆以來為往來之來遂詰鞫為病矣

來句中語助也莊子大宗師篇子桑戶死孟子反子琴

張相和而歌曰嗟來桑戶乎嗟來桑戶乎嗟來猶嗟乎也。來句末語助也。孟子離婁篇曰盍歸乎來。莊子人閒世篇曰嘗以語我來。又曰子其有以語我來。來字皆語助

經傳釋詞第七

經傳釋詞弟八

雖　唯　惟

高郵王引之

玉篇曰雖詞兩設也常語也字或作唯春秋桓十四年秋八月壬申御廩災乙亥嘗穀梁傳曰御廩之災不志此其志何也以爲唯未易災之餘而嘗可也志不敬也何用見其未易災之餘而嘗也曰甸粟而內之三宮三宮米而藏之御廩夫嘗必有兼甸之事焉今本甸譌作句辯見經義述聞壬申御廩災乙亥嘗以爲未易災之餘而嘗也家大人曰傳言以爲未易災之餘而嘗者火焚之餘米不可

以奉宗廟、必易之而後可、易之則甸粟而納之三宮、三宮米而藏之御廩、其事非兼旬不能具、今壬申災而乙亥嘗、相距不過三日、則是未易災之餘而嘗也、故上文曰、以爲唯未易災之餘而嘗可也、志不敬也、唯卽雖字也、言魯人不易其災之餘而嘗者、其意若曰、雖未易災之餘而嘗可也、則不敬莫大乎是、故書之曰、壬申御廩災、乙亥嘗、所以志不敬也、徐邈讀可也絕句、志不敬也自爲句、正與傳意相合、范注乃用鄭嗣之說、讀可也志爲句、而釋之曰、唯以未易災之餘而嘗、然後可志也、如其說則上下文皆不可通、總由不知唯爲雖之借字、故字義失而句讀亦舛矣禮記少儀、雖有君賜雜記雖三年之喪可也、鄭注竝曰、雖或爲唯、表記唯天子受命於天注曰、唯當爲雖荀子性惡篇曰、今以仁義法正爲固無可知可能之理邪、然則唯禹不知仁義法正不能仁義法正也楊倞注、唯、讀爲雖、秦策曰、弊邑之王所甚說者無大大王唯儀之所甚願爲臣者、亦無大大王、弊邑之王所甚憎者、無先齊王、唯儀之所甚憎者、亦無先齊王史記張儀傳唯皆作雖、史記汲黯傳、宏湯深心疾黯唯天子亦不說也、漢書唯作雖、漢書楊雄傳解謿、唯其人之贍知哉、亦會其時之可爲也文選唯作雖又大戴禮虞戴德篇曰君以聞之以與己同唯某無以更也墨子尚同篇曰唯欲毋與我同將不可得也荀子大略篇曰天下之人唯各持意哉然而有所共予也趙策曰君唯釋虛僞疾文信猶且知之也史記范雎傳曰須賈問曰孺子豈有客習於相君者哉范雎曰主人翁習知之唯雎亦得謁司馬相如傳曰相如使時蜀長老多言通西南夷不爲用唯大臣亦以爲然此皆古書僻唯爲雖之證也字又作惟史記淮陰侯傳曰信問王曰大王自料勇悍仁彊孰與項王漢王默然良久曰不如也信再拜賀曰惟信亦爲大王不如也漢書惟作唯字竝與雖同顏師

古斷唯字爲句而以爲應辭非是辯見讀書雜志 淮南精神篇曰、不識天下之以我備其物與、且惟無我而物無不備者乎、惟亦與雖同、說文雖字以唯爲聲、故雖可通作唯、唯亦可通作雖、互見惟字下、

肆

肆、遂也、書堯典曰、肆類于上帝、又曰、肆覲東后、史記五帝紀肆並作遂、遂肆聲相近、方俗語有侈弇耳、

爾雅曰、肆、故也、書大誥曰、肆朕誕以爾東征、漢書翟義傳王莽倣大誥、作故予大以爾東征、無逸曰、肆中宗之享國、七十有五年、史記魯世家肆作故、詩緜曰、肆不殄

厥愠、思齊曰、肆戎疾不殄、肆成人有德、抑曰、肆皇天弗尚、肆字皆當訓爲故、傳箋竝云、肆、故今也、失之說見經義述聞爾雅

自

自、詞之用也、書康誥曰、凡民自得罪、某氏傳訓自爲用、召誥曰、自服于土中、鄭注亦曰、自、用也、

自、猶苟也、成十六年左傳曰、自非聖人、外寧必有內憂、言苟非聖人也、

茲　滋

爾雅曰、茲、此也、常語、

茲、猶斯也、書酒誥曰、朝夕曰、祀茲酒、言朝夕戒之曰、惟

祭祀斯用酒也、故下文曰歆惟祀、昭七年左傳曰三命茲益共、二十六年傳曰、若可、師有濟也君而繼之茲無敵矣茲字亦與斯同義

茲者、承上起下之詞、昭元年左傳曰、勿使有所壅閉湫底以露其體茲心不爽而昏亂百度、二十六年傳曰、單旗劉狄帥羣不弔之人以行亂于王室、晉爲不道是攝是贊思肆其罔極茲不穀震盪播越竄在荊蠻、此兩茲字、皆承上起下之詞、猶今人言致令如此也杜注訓茲爲此、皆失之茲、字或作滋昭五年傳曰、君若驩焉好逆使臣、滋敝邑休怠而忘其所以無日矣滋亦承上起下

之詞、

斯

爾雅曰、斯此也常語

斯、猶則也亦常語、

斯、猶乃也、書洪範曰女則錫之福時人斯其惟皇之極金縢曰、周公居東二年則罪人斯得、詩小旻曰、謀猶回遹何日斯沮賓之初筵曰、大侯既抗弓矢斯張角弓曰受爵不讓至于己斯亾、禮記檀弓曰、人喜則斯陶、陶斯咏咏斯猶、猶斯舞斯字並與乃同義詩斯干曰、乃安斯寢乃寢乃興、斯亦乃也互文耳、斯、猶其也、詩采芑曰、朱芾斯皇、斯干曰、如跂斯翼、如矢斯棘、如鳥斯革、如翬斯飛、甫田曰、乃求千斯倉、乃求萬斯箱、白華曰、有扁斯石、思齊曰、則百斯男、皇矣曰、王赫斯怒、烈祖曰、有秩斯祜、斯字竝與其同義、

斯、猶維也、采薇曰、彼爾維何、維常之華、彼路斯何、君子之車、斯亦維也、猶韓奕曰、其殽維何、炰鼈鮮魚、其蔌維何、維筍及蒲也、

斯、猶是也、詩七月曰、朋酒斯饗、公劉曰、于京斯依、又曰、于豳斯館、

斯、猶然也、禮記玉藻曰、二爵而言言斯、言言然也、上言

洒如此言言斯斯與如皆形容之詞鄭注斯猶耳也耳疑當作爾言言爾猶云縱縱爾折折爾也論語鄉黨篇曰色斯舉矣翔而後集何注引馬融曰見顏色不善則去之皇侃疏以爲孔子在處觀人顏色而舉動也憲問篇其次辟色何引孔傳曰色斯舉也正與此注相應然下句翔而後集自指鳥言之若謂孔子辟色則與下句意不相屬矣若謂鳥見人之顏色不善而飛去則人之顏色不善又豈鳥所能喻乎今案色斯者狀鳥舉之疾也與翔而後集意正相反色斯猶色然驚飛貌也呂氏春秋審應篇曰蓋聞君子猶鳥也駭則舉哀六年公羊傳曰諸大夫見之皆色然而駭何注曰色然驚

駭貌、義與此相近也、漢人多以色斯二字連讀、論衡定賢篇曰、大賢之涉世也翔而有集色斯而舉議郎元賓碑曰翻署色斯竹邑侯相張壽碑曰君常懷色斯遂用高逝堂邑令費鳳碑曰色斯輕翔翻然高絜費鳳別碑曰功成事就色斯高舉

斯、語已詞也、若恩斯勤斯、鬻子之閔斯是也、常語也、

斯、語助也、詩螽斯曰、螽斯羽、毛傳以螽斯爲斯螽非辯見廣雅疏證小弁曰、鹿斯之奔、瓠葉曰、有兔斯首、鄭箋以斯首爲白首非、斯字皆語助、

些

廣雅曰、些、詞也、曹憲音先計反、楚辭招魂用此字、爾雅釋文曰、些、息計反、又息賀反、語餘聲也、說文新附字曰、

些、語詞也、見楚辭、从此从二、其義未詳、家大人曰、些卽呰字之譌也、草書呰字作𡗗、隸書因變而爲些矣、說文、呰、苛也、從口此聲、爾雅、呰、此也、釋文曰、呰、子爾反、或子移反、郭音些、玉篇、呰、息計切、此也、辭也、又息箇切、廣韻去聲十二霽、些、蘇計切、此也、辭也、何也、楚音蘇箇切、集韻十二霽、些、思計切、語辭、或作呰、三十八箇、些、四箇切、語辭也、見楚辭、或作呰、據爾雅釋文云、呰、郭音些、是呰字兼有些音也、玉篇廣韻竝云、些、此也、卽爾雅呰字之訓、廣韻、些、何也、卽說文呰字之訓、說文呰苛也苛何皆古呵字見周官漢書而集韻又云、些或作呰、故知些卽呰之譌也、呰字以此爲聲則當以息計爲正音息適爲變音矣凡平聲之支歌上聲之紙部去聲之寘箇多有一字而兩韻兼收者楚辭之呰與詩之斯字同義爾雅斯呰皆訓爲此而聲又相近故二者又皆爲語詞

思

思語已詞也詩漢廣曰南有喬木不可休思毛傳曰思辭也他皆放此案宣十二年左傳引詩鋪時繹思杜注思辭也是也詩箋以思爲思念之思云陳繹而思行之則累於詞矣

思發語詞也車舝曰思孌季女逝兮思詞也思孌季女思齊大任思媚周姜何法相同箋曰思得孌然美好之少女失之文王曰思皇多士毛傳思辭也思齊曰思齊大任思詞也箋曰常思莊敬者大任也失之下思媚同又曰思媚周姜

公劉曰：「思輯用光。」傳曰：「言民相與和睦以顯於時也。」則思爲語詞明矣。箋曰：「思在和其民人。」失之。《孟子》趙注同。思文曰：「思文后稷。」思，詞也。箋曰：「思先祖有文德者。」失之。《周語》韋注同。載見曰：「思皇多祜。」思，詞也。皇，美也，盛也。「思皇多士」、「思皇多祜」，句法相同。箋曰：「皇，君也。思使成王之多。」失之。皀耜曰：「思媚其婦。」「有嗿其饁，思媚其婦，有依其士，有略其耜」，句首皆語詞。說見《經義述聞》。泮水曰：「思樂泮水。」思，詞也。箋曰：「言已思樂僖公之脩泮宮之水。」失之。思字皆發語詞。

思，句中語助也。關雎曰：「寤寐思服。」傳曰：「服，思之也。」訓服爲思之，則思服之思當是語助。箋曰：「服，事也。思已職事，當誰與共之乎。」王注同。服膺思念之，皆於義未安。桑扈曰：「旨酒思柔。」絲衣篇同。柔，和也。思柔，柔與其觩對文，是思爲語助也。箋曰：「其飲美酒，思得柔順中和與共其樂。」《左傳》杜注同。絲衣箋曰：「柔，安也。飲美酒者皆思自安。」竝失之。文王有聲曰：「自西自東，自南自北無思不服無思不服無不服也思語助耳閔予小子曰於乎皇王繼序思不忘繼序思不忘繼序不忘也烈文曰於乎前王不忘無思字是思爲語助也箋曰思其所行不忘失之思皆句中語助

將

論衡知實篇曰將者且也常語也

將猶其也隱元年左傳曰君將若之何莊十四年傳曰君其若之何成二年傳曰國將若之何昭十二年傳曰國其若之何其義一也將與其同義故二字可以互用成十四年傳曰是夫也將不唯衞國之敗其必始于未亡人昭八年傳曰其非唯我賀將天下實賀晉語曰行

之克也將以害之若其不克其因以罪之皆是也將與其同義故又可以連用隱三年左傳其將何辭以對是也互見其字下

將猶抑也楚辭卜居曰吾寧悃悃款款朴以忠乎將送往勞來斯無窮乎楚策曰先生老悖乎將以爲楚國祅祥乎將字並與抑同義

將猶乃也宣六年左傳曰使疾其民以盈其貫將可殪也墨子尚賢篇曰譬若欲衆其國之善射御之士者必將富之貴之敬之譽之然后國之善射御之士將可得而衆也此將字猶乃也與上將字異義將字並與乃同義

且　徂

呂氏春秋音律篇注曰、且將也、詩雞鳴曰、會且歸矣、是也、常語也、

且猶尚也、易乾文言曰、天且不違、是也、亦常語、

且猶又也、春秋文五年、王使榮叔歸含且賵、穀梁傳曰、其曰且志兼也、亦常語、

且猶抑也、禮記曾子問曰、葬引至於堩、日有食之、則有變乎、且不乎、齊策曰、王以天下爲尊秦乎、且尊齊乎、史記魏世家曰、富貴者驕人乎、且貧賤者驕人乎、且字竝與抑同義、

且、姑且也。詩山有樞曰：「且以喜樂，且以永日。」是也。常語也。

禮記檀弓：「夫祖者且也。」「且，胡爲其不可以反宿也。」鄭注曰：「且，未定之辭。」

廣雅曰：「且，借也。」隱元年公羊傳曰：「且如桓立，則恐諸大夫之不能相幼君也。」何注曰：「且如，假設之辭。」莊子齊物論篇曰：「今且有言於此。」

且，猶若也。隱三年公羊傳曰：「且使子而可逐，則先君其逐臣矣。」呂氏春秋知士篇：「劑貌辨荅宣王曰：『王方爲太子之時，辨謂靜郭君曰：「太子不仁，不若革太子，更立衞姬嬰兒校師靜郭君曰不可吾弗忍爲也且靜郭君聽辨而爲之也必無今日之患也齊策且作若、去尤篇曰郱之故法爲甲裳以帛公息忌謂郱君曰不若以組凡甲之所以爲固者、以滿竅也今竅滿矣、而任力者半耳且組則不然竅滿則盡任力矣、燕策曰燕南附楚則楚重、西附秦則秦重中附韓魏則韓魏重且苟所附之國重此必使王重矣、且字竝與若同義、

且、猶此也今也詩載芟曰匪且有且匪今斯今、振古如茲、毛傳曰、且、此也正義曰今謂今時則且亦今時其實是一、作者美其事而丁寧重言之耳字亦作徂詩出其東門匪

我思且。釋文且音徂。爾雅云徂、存也。徂通作且，故且亦通作徂。書棐誓曰：徂茲淮夷徐戎竝興。徂讀爲且。且，今也。言今茲淮夷徐戎竝興也。某氏傳以徂爲往征，往征茲淮夷徐戎竝興，斯爲不詞矣。且經言徂，不言徂征也。

且夫者，指事之詞。且與今同義，或言今夫，或言且夫，其實一也。

且，猶夫也。墨子非攻篇曰：今且天下之王公大人士君子。今且，今夫也。孟子公孫丑篇曰：若是，則弟子之惑滋甚。且以文王之德，百年而後崩，猶未洽於天下。史記魏世家：翟璜問李克曰：今者聞君召先生而卜相，果誰爲之李克曰魏成子爲相矣翟璜忿然作色曰臣何負於魏成子李克曰且子之言克於子之君者豈將比周以求大官哉春申君傳曰李園弱人也僕又善之且又何至此且字並與夫同義

且更端之詞也若論語且爾言過矣是也常語也

且發語詞也韓子難二曰景公過晏子曰子宮小近市請徙子家豫章之圃晏子再拜而辭曰且嬰家貧待市食而朝暮趨之不可以遠呂氏春秋貴信篇曰莊公左搏桓公右抽劒以自承管仲鮑叔進曹劌按劍當兩陛之間曰且二君將改圖無或進者趙策曰公子牟辭應

侯應侯曰公子將行矣獨無以教之乎曰且微君之命命之也臣固且有效於君（上且字發語詞與下且字異義）司馬相如封禪文曰或曰且天爲質闇示珍符固不可辭且字皆發語詞

且句中語助也莊子齊物論篇曰夫隨其成心而師之誰獨且無師乎又曰果且有彼是乎哉果且無彼是乎哉呂氏春秋無義篇曰公孫鞅使人謂公子卬曰今秦令鞅將魏令公子當之豈且忍相與戰哉且字皆句中語助

且子餘反

詩山有扶蘇曰不見子都乃見狂且毛傳且辭也

徂

徂猶及也詩雲漢曰不殄禋祀自郊徂宮言禋祀之禮自郊而及於宗廟也箋曰從郊而至宗廟至亦及也絲衣曰自堂徂基自羊徂牛鼐鼎及鼒徂亦及也互文耳鄭訓徂爲往非也自羊往牛則文不成義言此絲衣載弁之人其視壺濯籩豆與告濯具則自堂以及基其視牲告充則自羊以及牛先羊而後牛者變文協韻耳傳以爲先小後大非也其舉鼎冪告絜則自鼐以及鼒也以上三徂字皆謂自此及彼不得以往之一訓該之

作

作，始也。家大人曰：作之言乍也。乍者，始也。詩駉傳曰：「作，始也。」廣雅同。書皋陶謨曰：「烝民乃粒，萬邦作乂。」與「乃」對文，言烝民乃粒，萬邦始治也。禹貢曰：「萊夷作牧。」言萊夷水退，始放牧也。又曰：「沱潛既道，雲土夢作乂。」作與既對文，言雲土夢始治也。史記夏本紀皆以「爲」字代之，於文義稍疏矣。

作，猶及也。書無逸曰：「其在高宗時，舊勞于外，爰暨小人。作其即位，乃或亮陰，三年不言。」又曰：「其在祖甲，不義惟王，舊爲小人。作其即位，爰知小人之依。」皆謂及其即位

也某氏傳訓作爲起失之作與徂聲相近廣韻作字又臧祚切聲近徂故二者皆可訓爲及

曾音增此曾是以爲孝乎之曾俗讀如層非也

曾乃也則也說文曰曾詞之舒也高注淮南脩務篇曰曾則也鄭注檀弓曰則之言曾詩河廣曰曾不容刀曾不崇朝板曰曾莫惠我師召旻曰曾不知其玷禮記三年問曰則是曾鳥獸之不若也釋文曾則能反吳語曰越曾足以爲大虞乎閔二年公羊傳曰設以齊取魯曾不興師徒以言而已矣論語八佾曰曾謂泰山不如林放乎皇侃疏曾之言則也釋文曾則登反先進曰吾以子爲異之問曾由與求之

問孔傳曰、則此二人之問、皆是也、

曾是、乃是也、則是也、詩正月曰、曾是不意、蕩曰、曾是彊禦、曾是掊克、曾是在位、曾是在服、正義曰、言曾者、謂何曾如此、今人之語猶然 又曰、曾是莫聽、論語爲政曰、曾是以爲孝乎、馬注、汝則謂此爲孝乎、釋文曾音增、馬云、則、皇侃云、嘗也、案皇說非是、今本論語馬注脫則字、據釋文及邢疏補 皆是也

何曾、何乃也、何則也、孟子公孫丑篇曰、爾何曾比予於管仲、趙注曰、何曾、何乃也、孫奭音義、曾、丁音增、則也、乃也、賈子諭誠篇曰、王何曾惛一躋屨乎、晏子春秋外篇曰、讒佞之人則奚曾爲國常患乎、奚曾、猶何曾、

方言曰曾何也廣雅同　潭之原荊之南鄙、謂何爲曾、若中夏言何爲也、

曾 音層此曾經之曾

曾猶嘗也、閔元年公羊傳曰莊公存之時、樂曾淫于宮中、釋文曾才能反案玉篇曾子登切則也又才登切經也廣韻同是訓爲則者、乃曾是曾謂之曾、音子登切訓爲經者、乃曾經之曾、音才登切、羣經音辨、曾、則也作滕切曾、嘗也、昨滕切、嘗即曾經之義以上諸書、皆音義判然、不相淆雜、說文曾詞之舒也此即曾是曾謂之曾、當讀如增、而徐鉉音昨棱切則誤讀如層矣、集韻曾徂棱切、引說文詞之舒也即踵徐氏之誤、自是以後遂以曾是曾謂之曾讀如層矣、當依玉篇廣韻及經典釋文改正

憯 音慘　憯　噆　慘

說文、朁、曾也、引詩朁不畏明、字或作憯、又作慘、爾雅、憯、曾也、郭注曰、發語辭、詩節南山曰、憯莫懲嗟、毛傳曰、憯、曾也、民勞傳及十月之交箋竝同、釋文作噆、十月之交曰、胡憯莫懲、釋文、憯、亦作慘、民勞曰、憯不畏明、釋文、正義、及昭二十年左傳引詩、竝作慘、雲漢曰、憯不知其故、釋文亦作慘、曾、朁、皆詞也、故其字竝從曰、或言曾、或言朁、語之轉耳、

哉

說文、哉、言之閒也、

哉、問詞也、若詩北門謂之何哉之屬是也、

禮記曾子問正義曰哉者疑而量度之辭若堯典我其試哉之屬是也哉歎詞也或爲歎美若大哉乾元之屬或爲嗟歎若帝曰咈哉之屬隨事有義也

哉猶矣也若鯀哉亟哉益哉欽哉懋哉敬哉念哉之屬是也

哉句中語助也書大誥曰肆哉爾庶邦君謂肆爾庶邦君也哉字無意義

載　𩙪

載猶則也有句中疊用之者若載脂載舝是也有數句

壘用之者若載寢之牀載衣之裳載弄之璋是也詩載馳傳曰載辭也箋曰載之言則也（韋注周語同）字亦作𢦏廣雅曰𢦏詞也石鼓文曰𢦏西𢦏北

則　卽

則者承上起下之詞廣雅曰則卽也字或通作卽書禹貢曰西戎卽敘卽與則同敘順也（敘與順同義說見經義述聞百揆時敘下）言西戎則皆順從也上言三苗丕敘此言西戎卽敘卽與丕皆詞耳（丕爲語詞說見不字下）某氏傳曰羌髳之屬皆就次敘漢書西域傳贊曰書曰西戎卽序禹既就而序之非上威服致其貢物也皆訓卽爲就敘爲次敘失其旨矣

則與卽古同聲而通用、大戴禮曾子立事篇三十四十之閒而無藝卽無藝矣五十而不以善聞、則無聞矣、卽亦則也、詩終風願言則嚏、一切經音義十五引此則作卽、秦策此則君何居焉、史記蔡澤傳則作卽、史記秦始皇紀聞令下則各以其學議之、李斯傳則作卽、蘇秦傳與之則無地以給之、韓策則作卽、春申君傳則楚更立君、楚策則作卽、魯仲連傳、則臣見公之不能得也、齊策則作卽、

則、猶其也、禮記檀弓曰、人之稱斯師也者、則謂之何、言其謂之何也、僖二十三年左傳曰、淫刑以逞、誰則無罪、言誰其無罪也、文十七年傳曰、雖我小國、則蔑以過之矣、言其蔑以過之也、吳語曰、君有短垣、而自踰之、況荊蠻則何有於周室、言其何有於周室也、昭九年左傳伯父若裂冠毀冕、拔本塞原、專棄謀主、雖戎狄其何有余一人、

則猶而也。文二年左傳曰：周志有之，勇則害上，不登於明堂。言勇而害上也。逸周書大匡篇作勇如害上，如卽而字。昭三年傳曰：寡君願事君朝夕不倦，將奉質幣以無失時，則國家多難，是以不獲。言而國家多難也。莊子逍遙遊篇曰：其視下也，亦若是則已矣。則已矣，而已矣也。荀子榮辱篇曰：夫貴爲天子，富有天下，是人情之所同欲也。然則從人之欲，則勢不能容，物不能贍也。史記封禪書曰：然則怪迂阿諛苟合之法自此興。然則，皆謂然而也。

則猶乃也。詩新臺曰：魚網之設，鴻則離之。言鴻乃離之也。雲漢曰：昊天上帝，則不我遺。羣公先正，則不我助。言乃不我遺乃不我助也桓六年左傳曰吾牲牷肥腯粢盛豐備何則不信言何乃不信也又書金縢曰禾則盡起言禾乃盡起也詩草蟲曰我心則降言我心乃降也大戴禮夏小正篇曰鷹則爲鳩言鷹乃爲鳩也凡夏小正言則者皆放此月令曰豺乃祭獸戮禽呂氏春秋季秋紀乃作則書洪範曰鯀則殛死禹乃嗣興則亦乃也互文耳

家大人曰則猶若也書洪範曰女則有大疑謀及乃心謀及卿士謀及庶人謀及卜筮言汝若有大疑也禮記三年問曰今是大鳥獸則失喪其羣匹越月踰時焉則必反巡言若失喪其羣匹也荀子議兵篇曰大寇則至

使之持危城則必畔遇敵處戰則必北言大寇若至也趙策曰彼則肆然而爲帝過而遂正於天下則連有赴東海而死矣言彼若肆然而爲帝也史記魯仲連傳彼則作彼即即亦若也互見即字下燕策曰誠得劫秦王使悉反諸侯之侵地則大善矣則不可因而刺殺之言若不可也韓詩外傳曰臣之里婦有夫死三日而嫁者有終身不嫁者則自爲娶將何娶焉漢書蒯通傳作足下即欲求婦何取即亦若也言若自爲娶也史記高祖紀曰今聞章邯降項羽項羽乃號爲雍王王關中今則來沛公恐不得有此言今若來也項羽紀曰項王謂曹咎等曰謹守成皋則漢欲挑戰愼勿與戰漢書項

籍傳作卽漢欲挑戰卽與則古字通而同訓爲若故史記高祖紀作若漢挑戰也史記袁盎傳申屠嘉曰使君所言公事之曹與長史掾議吾且秦之卽私邪吾不受私語漢書卽作則卽則皆若也

則猶或也或與若義相近史記陳丞相世家曰樊噲帝之故人也功多且又乃呂后弟呂須之夫有親且貴帝以忿怒故欲斬之則恐後悔言或恐後悔也

何則何也也墨子尚賢篇曰故雖昔者三代暴王桀紂幽厲之所以失損其國家傾覆其社稷者已此故也何則皆以明小物而不明大物也荀子宥坐篇曰百仞之山任負車登焉何則陵遲故也韓子顯學篇曰雖有不

恃賞罰而恃自善之民明主弗貴也何則國法不可失而所治非一人也齊策曰臈聞古大禹之時諸侯萬國何則德厚之道得貴士之力也義竝與何也同秦策曰臣恐韓魏之卑辭慮患而實欺大國也此何也王旣無重世之德於韓魏而有累世之怨史記春申君傳此何也作何則

卽　則

卽猶遂也書西伯戡黎曰殷之卽喪是也常語也

卽猶今人言卽令也史記項羽紀項羽卽日因留沛公與飲是也字亦作則漢書王莽傳曰應聲滌地則時成

創。顏注曰、則時卽時也

卽、猶今人言卽是也。襄八年左傳曰、非其父兄、卽其子弟、是也。字亦作則。鄭語曰、是非王之支子母弟甥舅也、則皆荊蠻戎狄之人也、非親則頑、不可入也。

家大人曰、漢書西南夷傳注曰、卽、猶若也。昭十二年左傳、南蒯枚筮之、遇坤之比、示子服惠伯曰、卽欲有事、何如、言若欲有事也。莊三十二年公羊傳、莊公病將死、謂季子曰、寡人卽不起此病、吾將焉致乎魯國、言若不起此病也。僖三十三年傳、百里子與蹇叔子送其子而戒之曰、爾卽死、必於殽之嶔巖、言爾若死也。襄二十七年傳甯殖將死謂其子喜曰我卽死女能固納公乎言我若死也賈子胎教篇史䲭病且死謂其子曰我卽死治喪於北堂史記孔子世家季桓子病顧謂其嗣康子曰我卽死若必相魯爾雅釋地曰西方有比肩獸焉與邛邛岠虛比爲邛邛岠虛齧甘草卽有難邛邛岠虛負而走言若有難也秦策曰今王以漢中與楚卽天下有變王何以市楚也言若天下有變也趙策曰所貴於天下之士者爲人排患釋難解紛亂而無所取也卽有所取者是商賈之人也言若有所取也魏策曰今王恃楚之強而信春申君之言以是質秦而久不可知卽春申君有變是王獨受秦患也言若春申君有變也史記秦本紀曰

晉公子圉聞晉君病曰卽君百歲後秦必留我言若君百歲後也晉世家曰夷吾使郤芮厚賂秦約曰卽得入請以晉河西之地與秦言若得入也鄭世家曰齊襄公會諸侯於首止鄭子亹曰齊彊而厲公居櫟卽不往且率諸侯伐我內厲公言若不往也又僖二十三年左傳公子若反晉國則何以報不穀史記晉世家作子卽反國何以報寡人昭七年傳我若獲沒必屬說與何忌於夫子孔子世家作吾卽沒若必師之管子戒篇管仲寢疾桓公往問之曰仲父之疾甚矣若不幸而不起此疾彼政我將安移之韓子十過篇作卽不幸而不起此病

是，即與若同義。史記趙世家曰：「朔之婦有遺腹，若幸而男，吾奉之；即女也，吾徐死耳。」即亦若也，互文耳。

即，猶或也。或與若義相近。越語曰：「若以越國之罪爲不可赦也，將焚宗廟，係妻孥，沈金玉於江，有帶甲五千人，將以致死，無乃即傷君王之所愛乎？」言或傷君王之所愛也。史記呂后紀曰：「劉澤爲大將軍，太后王諸呂，恐即崩後，劉將軍爲害。」言或崩後爲害也。張丞相傳曰：「戚姬子如意爲趙王，年十歲，高祖憂即萬歲之後不全也。」言或萬歲之後不全也。即與則古同聲，故即訓爲若，亦訓爲或。則訓爲或，亦訓爲若，互見則字下。

嗞（音茲）　茲　子

說文、嗞、蓍也。（蓍與嗟同）廣韻、嗞嗟、憂聲也。倒言之則曰嗟嗞、或作嗟茲、或作嗟子。詩綢繆曰、子兮子兮、如此良人何。毛傳曰、子兮者、嗟茲也。管子小稱篇曰、嗟茲乎、聖人之言長乎哉。秦策曰、嗟嗞乎、司空馬。楚策曰、嗟乎子乎、楚國亡之日至矣。書大傳曰、諸侯在廟中者、愀然若復見文武之身、然後曰、嗟子乎、此蓋吾先君文武之風也夫。說苑貴德篇曰、嗟嗞乎、我窮必矣。楊雄青州牧箴曰、嗟茲天王、附命下土、竝字異而義同。詩言子兮、猶曰嗟子乎嗟嗞乎也。故傳以子兮爲嗟茲。（正義曰、茲、此也。嗟歎此身不得見良人、非

傳意箋謂子兮子兮斥娶者始失其義其注書大傳又曰予成王也案嗟子乎乃諸侯之詞諸侯之於天子豈得稱之爲子乎斯不然矣

蓍　嗟　瑳

說文蓍嗞也一曰痛惜爾雅曰嗟瑳也郭注曰今河北人云瑳歎蓍嗟瑳並同又詩烈祖箋曰重言嗟嗟美歎之深

詩麟之趾傳曰于嗟歎辭

叱嗟猝嗟皆怒聲也趙策曰齊威王勃然怒曰叱嗟而母婢也漢書韓信傳曰項王意烏猝嗟人皆廢李奇

曰卒嗟猶咄嗟也案史記作喑噁叱咤李説是也顏師古曰猝嗟暴猝嘆歎也則望文生義而失其本旨矣

嗟語助也詩中谷有蓷曰啜其泣矣何嗟及矣何嗟及何及也言雖泣而無及於事也嗟句中語助耳箋曰及與也嗟乎將復何與爲室家乎先言嗟而後言何及未免倒置經文或疑經文嗟字本在何字上而寫者倒之非也韓詩外傳兩引詩皆作何嗟及矣晉孔坦與石聰書亦曰雖復後悔何嗟及矣嗟字皆在何字下鄭訓嗟爲嗟乎故不得不先言嗟而後言何及非今本誤倒也又訓及爲與皆失之節南山曰天方薦瘥喪亂宏多民言無嘉憯莫懲嗟憯莫懲嗟憯莫懲也十月之交曰胡憯莫懲言天降喪亂如此而在位者曾莫知所懲也嗟句

末語助耳。若訓爲歎詞，則與上三字義不相屬矣。箋曰：嗟乎柰何，亦失之。

呰 音紫 訾

說文：呰，苛也。苛與何同。呂氏春秋權勳篇：昔荊龔王與晉厲公戰於鄢陵，臨戰，司馬子反渴而求飲，豎陽穀操黍酒而進之。子反叱曰：訾，句。韓子十過篇訾作嘻。退，句。酒也。訾與呰同。

經傳釋詞弟八

經傳釋詞弟九

高郵王引之

終　衆

家大人曰、終詞之既也。僖二十四年左傳注曰、終猶已也。已止之已曰終、因而已然之已亦曰終、故曰詞之既也。詩終風曰、終風且暴、毛傳曰、終日風爲終風。韓詩曰、終風、西風也。此皆緣詞生訓、非經文本義。終猶既也、言既風且暴也。箋曰、既竟日風矣、而又暴疾、此因經文下有且字、故增既字以成其義、而不知經文之終卽既也。爾雅曰、南風謂之凱風、東風謂之谷風、北風謂之涼風、西風謂之泰風、焚輪謂之穨、迴風爲飄、以上六句、通釋詩詞、而不及終風、又曰、日出而風爲暴、風而雨土爲霾、陰而風爲曀、以上三句、專釋此詩、而亦不及終風則終爲語詞明矣下文終風且霾終風且曀義竝與此同燕燕曰終溫且惠淑慎其身言既溫且惠也正義曰終當顏色溫和且能恭順失之北門曰終窶且貧莫知我艱言既窶且貧也箋曰君於己祿薄終不足以爲禮又近困於財失之伐木曰神之聽之終和且平言既和且平也那曰既和且平是也箋曰神若聽之使得如志則友終相與和而齊功也失之甫田曰禾易長畝終善且有言既善且有也正義曰終至成善且收而大有失之正月曰終其永懷又窘陰雨言既長憂傷又仍陰雨也箋曰終王之所行其長可憂傷矣又將仍憂於陰雨失之終與既同義故或上言終而下言且或上言終而下言又說者皆以終爲終竟之終而經文上下相因之指遂不可尋矣又葛藟曰終遠兄弟謂他人

父言既遠兄弟也傳曰、兄弟之道已相遠、箋曰、今已遠棄族親己、亦既也、正義曰、王終是遠於兄弟、失傳箋之意矣。鄭揚之水曰、終鮮兄弟、維予與女、言既鮮兄弟也。箋曰、後竟寡於兄弟之恩、訓終爲竟、失之。定之方中曰、卜云其吉、終然允臧、然猶而也、見然字下。言既而允臧也。此言文公既遷而得吉信如卜所云也。終然、猶既而也。列女傳節義傳曰、昝吾先君莊王、淫樂三年、不聽政事、終而能改、卒霸天下、言既而能改也。正義曰、終然信善、非直當今而已、則誤以終爲終竟之終矣。說者以終爲終竟、亦失之。引之謹案、載馳曰、許人尤之、衆穉且狂、衆讀爲終、古字多借衆爲終、史記五帝紀、怙終賊刑、徐廣曰、終一作衆、詩振鷺以永終譽、後漢書崔駰傳終作衆、韓策、臣使人刺之、終莫能就、史記刺客傳終作衆。終、既也。穉、驕也。管子重令篇、工以雕文刻鏤相穉、尹知章注、穉、驕也。莊子列禦寇篇、以其十乘驕穉莊子。此承上文而言、女子善懷、亦各有道、是我之欲歸未必非也、而許人偏見、輒以相尤、則旣驕且妄矣、蓋自以爲是驕也、以是爲非妄也、毛公不知衆之爲終、而云是乃衆幼穉且狂、許之大夫、豈必人人皆幼邪、

誰

說文曰、誰何也、常語、

爾雅曰、誰昔昔也、郭注曰、誰發語辭、詩墓門曰、知而不已、誰昔然矣、鄭箋用爾雅、邵氏二雲爾雅正義曰、釋詁云疇誰也、誰疇一聲之轉、詩言誰昔、猶檀弓言疇昔之夜也、故爲發語辭、

孰

爾雅曰、孰誰也、常語

孰猶何也、家大人曰、孰誰一聲之轉、誰訓爲何、故孰亦訓爲何、晉語曰、惠公出共世子而改葬之、臭達於外、國人誦之曰、孰是人斯而有是臭也、孰何也、斯詞也、言何是人而有是臭也、韋注、孰誰也、斯斯世子也、誰使是人有是臭者、言惠公使之也、於傳意不合、越語曰、孰是君也而可無死乎、言有君如是、何可不爲之死也、韋注、孰誰也、誰有恩惠如是君者、可不爲之死乎、亦未合、昭二十五年公羊傳曰、孰君而無稱、言何君而無稱也、論語八佾篇曰、是可忍也、孰不可忍也、楚辭九章曰、孰兩東門之可蕪、呂氏春秋知接篇曰、孰之壤壤也、可以爲之莽莽也、兩之字皆訓爲是、孰字竝與何同義、又大戴禮曾子制言篇曰、則雖女親、庸孰能親女乎、庸孰皆何也、盧辯注、庸、用也、孰、誰也、皆失之、互見庸字下、連言庸孰者、古人恆有複語、若莊子言庸詎矣、又書傳中言孰與者、皆謂何如也、廣雅曰、與、如也、秦策曰、秦昭王謂左右曰、今日韓魏孰與始彊、對曰、弗如也、王曰、今之如耳魏齊孰與孟嘗芒卯之賢、對曰、弗如也、齊策曰、田矦召大臣而謀曰、救趙孰與勿救、趙策曰、趙王與樓緩計之曰、與秦城何如不與、今本不與下衍何如二字、辯見讀書雜志、是孰與郎何如也、故漢書司馬相如傳、楚王之獵孰與

寡人史記作何與寡人

者　諸

說文者、別事詞也、或指其事、或指其物、或指其人、或言者、或言也者、禮記檀弓曾人有周豐也者、皆常語也、又爲起下之詞、或上言者而下言也、或上言也者而下言也、易繫辭傳、負也者、小人之事也、乘也者、君子之器也、亦常語也、字或作諸、禮記郊特牲曰、不知神之所在、於彼乎、於此乎、或諸遠人乎、或諸、即或者、僖九年左傳曰、以是藐諸孤、藐、小也、見廣雅、藐諸、即藐者、藐者孤、猶言羸者陽耳、杜以藐爲縣藐、諸爲諸子、非是、辯見經義述聞、爾雅釋魚、龜、俯者靈、仰者謝、前弇諸、句、果、後弇諸、句、獵、諸、亦者

宎

者、猶也也、禮記射義射之爲言者繹也、猶曰、射之爲言也繹也、鄭語公曰、周其獘乎、對曰、殆於必獘者、言殆於必獘也、又書傳中凡言何者者、竝與何也同義、論語陽貨篇惡紫之奪朱也、惡鄭聲之亂雅樂也、惡利口之覆邦家者、者與也亦同義、故皇侃本作惡利口之覆邦家也、

諸

士昏禮記注曰、諸、之也、常語、
鄉射禮注曰、諸、於也、亦常語、

小爾雅曰、諸、乎也。詩日月曰、日居月諸、照臨下土。毛傳曰、日乎月乎、照臨之也。禮記祭義曰、齊齊乎其敬也、愉愉乎其忠也、勿勿諸其欲其饗之也。又曰、孝弟發諸朝廷、行乎道路、至乎州巷、放乎獀狩、修乎軍旅、諸亦乎也。互文耳。故祭義勿勿諸其欲其饗之也、禮器諸作乎。樂記理發諸外、祭義諸作乎。

諸、之乎也。急言之曰諸、徐言之曰之乎。禮記檀弓曰、吾惡乎哭諸。又曰、書云、高宗三年不言、言乃讙。有諸。凡言有諸者放此。文王世子曰、君王其終撫諸。僖二十三年左傳曰、天其或者將建諸。論語雍也篇曰、山川其舍諸。此皆之

乎二字之合聲

諸，語助也。文五年左傳，臯陶庭堅不祀忽諸。服注曰：諸，

辭。見詩邶柏舟正義

之

之，言之閒也。若在河之洲之屬是也。常語也

之，指事之詞也。若左右流之之屬是也。亦常語

之，是也。故爾雅曰：之子者，是子也。亦常語。

之，猶諸也。諸之一聲之轉。禮記少儀曰：僕者負良綏申

之面，拖諸幦。孟子滕文公篇曰：禹疏九河，瀹濟漯而注

諸海，決汝漢，排淮泗而注之江。之，亦諸也。互文耳。故詩

伐檀篇寘之河之側兮漢書地理志寘之作寘諸襄二十六年左傳棄諸堤下五行志棄諸作棄之之猶於也諸之一聲之轉諸訓爲於故之亦訓爲於禮記檀弓曰之死而致死之不仁之死而致生之不知言於死而致死之則不仁於死而致生之則不知也鄭訓之爲往失之大學曰人之其所親愛而辟焉言於其所親愛而辟也鄭訓之爲適亦失之大戴禮事父母篇曰養之內不養於外則是越之也養之外不養於內則是疏之也之亦於也互文耳

呂氏春秋音初篇注曰之其也書西伯戡黎曰殷之卽

喪言殷其卽喪也。微子曰、今殷其淪喪。詩旄邱曰、旄邱之葛兮、何誕之節兮、上之字句中語助也、下之字則訓爲其、言旄邱之葛何疏闊其節而不相附。毛傳、誕、闊也。以喻衞之諸臣何多日而不相救也。碩鼠曰、樂郊樂郊、誰之永號、言樂郊之民、誰其悲歎而長號者、明皆喜樂也。箋訓之爲往、失之。禮記檀弓曰、公再拜稽首請於尸曰、有臣柳莊也者、非寡人之臣、社稷之臣也、聞之死、請往。言聞其死也。郊特牲曰、天子樹瓜華、不斂藏之種也。言天子但樹瓜華以供食而已、不收藏其種以與民爭利也。正義曰、不收斂久藏之種、失之。昭十六年左傳曰、斬之蓬蒿藜藋而共處之、言斬其蓬蒿藜藿也。莊子至樂篇曰：「壽者惛惛，久憂不死，何之苦也。」言何其苦也。荀子王制篇曰：「之所以接下之人百姓者。」之所以，其所以也。詩采綠曰：「之子于狩，言韔其弓。之子于釣，言綸之繩。」之，亦其也，互文耳。一切經音義一引易注曰：「綸，經理也。綸之繩，理其繩也。」故孟子公孫丑篇「天下之民皆悅而願爲之氓」，周官載師注引此「爲之氓」作「爲其民」。之可訓爲其，其亦可訓爲之。互見其字下。

之，猶若也。書般庚曰：「邦之臧，惟女衆；邦之不臧，惟予一人有佚罰。」言邦若臧、邦若不臧也。牧誓曰：「牝雞之晨，惟家之索。」言牝雞若晨也。洪範曰：「臣之有作福作威玉食，其害于而家、凶于而國、言臣若有作福作威玉食也、金縢曰、爾之許我、我其以璧與珪歸俟爾命、言爾若許我也、又曰、我之弗辟、我無以告我先王、言我若弗辟也、僖三十三年左傳曰、寡君之以爲戮、死且不朽、若從君惠而免之、三年將拜君賜、宣十二年傳曰、楚之無惡、除備而盟、何損於好、若以惡來、有備不敗、成二年傳曰、大夫之許、寡人之願也、若其不許、亦將見也、皆上言之而下言若之、亦若也、互文耳、荀子正名篇曰、假之有人欲南而惡北、性惡篇曰、假之有弟兄資財而分者、假之、皆謂假若也、

之、猶則也、僖九年左傳曰、東略之不知、西則否矣、晉語曰、華則榮矣、實之不知、亦則也、互文耳、

之、猶與也、書立政曰、文王罔攸兼于庶言庶獄庶慎、惟有司之牧夫、又曰、其勿誤于庶獄、惟有司之牧夫、皆謂有司與牧夫也、某氏傳曰、惟慎擇有司牧夫而已、考工記梓人曰、必深其爪、出其目、作其鱗之而、謂作其鱗與而也、而、頰毛也、鄭注、之而、頰頷也、以之而二字連讀、失之、辯見經義述聞、禮記月令曰、天子親載耒耜、措之于參保介之御閒、謂保介與御者之閒也、鄭注、保介、車右也、置耒於車右與御者之閒、與字正釋之字、段氏若膺禮記校本、謂之御當爲御之、非也、辯見經義述聞、文十一年左傳、皇父之二子死焉、二子者、公子穀甥、司

寇牛父也，言皇父與此二子皆死也。賈注曰：皇父與穀甥牛父三子皆死，杜注同。

成十六年傳「潘尪之黨」，襄二十三年傳「申鮮虞之傳摯」，謂潘尪與黨、申鮮虞與傳摯也。

之，猶兮也。昭二十五年左傳曰：「鸜之鵒之，公出辱之。」三之字並與兮同義。

之，語助也。詩君子偕老曰：「玼兮玼兮，其之翟也。」其之翟，其翟也，之，語助耳。蓼莪曰：「鮮民之生，不如死之久矣。」言不如死久矣也。禮記射義：「公罔之裘」，鄭注曰：「之，發聲也。」僖二十四年左傳「介之推」，杜注曰：「之，語助。」凡春秋人名中有之字者，皆放此。

旃

旃、之也。焉也。詩陟岵曰、上愼旃哉。毛傳曰、旃、之也。采苓曰、舍旃舍旃。箋曰、旃之言焉也。舍之焉、舍之焉、之旃聲相轉。旃焉聲相近。旃又爲之焉之合聲。

是　氏

廣雅曰、是、此也。常語。

是、猶於是也。書禹貢曰、桑土既蠶、是降邱宅土。言於是降邱宅土也。詩葛覃曰、是刈是濩。正義曰、於是刈取之、於是濩煮之。

是、猶寔也。詩閟宮曰、是生后稷。言姜嫄寔生后稷也。字或作氏、大戴禮帝繫篇曰、黃帝娶于西陵氏之子、謂之嫘祖、句氏產青陽及昌意、言寔生青陽及昌意也、禮記曲禮曰、五官之長曰伯、是職方、言寔主東西二方之事也、論語季氏篇曰、求無乃爾是過與、言爾寔過也、寔字亦作實、僖五年左傳、鬼神非人實親、惟德是依、實亦是也、互文耳、是訓爲寔、故寔亦訓爲是、見寔字下、

是、猶之也、詩氓曰、反是不思、亦已焉哉、言反之不思也、大戴禮文王官人篇曰、平八而有慮者使是治國家而長百姓、使是、使之也、襄十四年左傳曰、晉國之命、未是有也、言未之有也、是訓爲之、故之亦訓爲是、互見之字

下、
是猶祇也、論語爲政篇曰、今之孝者、是謂能養、言祇謂能養也、是與祇同義、故薛綜注東京賦曰、祇、是也、
是、猶則也、大戴禮王言篇、敎定是正矣、家語作正敎定則本正矣、鄭語曰、若更君而周訓之、是易取也、韋注曰、更以君道導之、則易取
是、猶夫也、禮記三年問曰、今是大鳥獸、荀子禮論篇今是作今夫、荀子宥坐篇曰、今夫世之陵遲亦久矣、韓詩外傳今夫作今是、墨子天志篇曰、今是楚王食於楚之四境之內、故愛楚之人、荀子榮辱篇曰、今是人之口腹

言圖篇曰、今是土之生五穀也、竝與今夫同義、孟子公孫丑篇曰、予豈若是小丈夫然哉、是小丈夫、夫小丈夫也、是訓爲夫、故夫亦訓爲是、互見夫字下、是故是以皆承上起下之詞、常語也、

時

爾雅曰、時是也、書堯典曰、黎民於變時雍

寔　實

爾雅曰、寔是也、詩小星傳同、春秋桓六年寔來、公羊傳曰、寔來者何、猶曰是人來也、穀梁傳曰、寔來者、是來也、寔與是同義、故秦誓是能容之、大學是作寔、經傳作實者、僭

字耳。易既濟九五、實受其福、坊記實作寔、詩小星篇、寔命不同、韓詩寔作實、燕燕篇、實勞我心、實、本亦作寔、韓奕篇、實墉實壑、實畝實藉、鄭箋、實當作寔、趙魏之東實寔同聲、寔、是也、覲禮、伯父實來、鄭注、今文實作寔、皆當以寔爲正字、實爲俗字、

只、旨、咫、軹、

說文、只、語已詞也、詩燕燕曰、仲氏任只、鄘柏舟曰、母也天只、不諒人只、毛傳、母也天也、尚不信我、天字亦作軹、莊子大宗師篇曰、而奚來爲軹、崔譔注、軹、辭也、楚辭大招、句末皆用只字、

只、亦句中語助也、詩樛木及南山有臺采菽竝曰、樂只君子、北風曰、既亟只且、君子陽陽曰、其樂只且、字亦作旨、左傳襄十一年、二十四年、及昭十三年、引詩竝作樂

旨君子。

只、詞之耳也。襄二十七年左傳曰、諸侯歸晉之德只。杜注、只、辭。非歸其尸盟也。只、猶耳也。晉語曰、文公學讀書於臼季三日、曰、吾不能行咫、句聞則多矣。咫、與只同、言吾但不能行耳、所聞則已多矣。韋注、咫、咫尺間、失之。又案今本不能行下有也字、後人妄加之也。行下有也字、則咫字當下屬爲句、韋解咫字亦當在句末矣。今注在咫字下、故知咫字上屬爲句、而行下本無也字也。今刪去也字。楚語曰、是知天咫、安知民則、咫、亦與只同。韋注、咫、言少也。此言少知天道耳、何知治民之法、失之。

咫、詞之則也。賈子淮難篇曰、陛下於淮南王不可謂薄矣、然而淮南天子之法、句咫蹂促而弗用也。皇帝之令（句）𡰥抴傾而不行也、又曰、陛下無負也如是（句）𡰥淮南王、罪人之身也、淮南王子、罪人之子也、又曰、是立𡰥泣沾衿臥𡰥泣交頤、以上諸𡰥字並與則同義故連語篇墻薄𡰥亟壞、繒薄𡰥亟裂、器薄𡰥亟毀、酒薄𡰥亟酸新序雜事篇𡰥並作則、

啻（施智反）翅　適

說文、啻、語時不啻也、一切經音義卷三引蒼頡篇曰、不啻多也、書多士曰、爾不啻不有爾土、無逸曰、不啻不敢含怒、秦誓曰、不啻如自其口出、多士釋文曰、啻、徐本作翅、孟子告子篇曰、取食之重者與禮之輕者而比之、奚

翅禽重莊子大宗師篇曰陰陽於人不翅於父母翅竝與啻同字亦作適家大人曰說文適從辵啻聲適啻聲相近故古字或以適爲啻秦策曰疑臣者不適三人不適與不啻同故高注讀適爲翅史記甘茂傳作疑臣者非特三人非特猶不啻也孟子告子篇曰飲食之人無有失也則口腹豈適爲尺寸之膚哉適亦與啻同故趙注曰口腹豈但爲肥長尺寸之膚邪但字正釋適字而孫宗古不爲適字作音蓋己不知其爲啻之俗字矣又曰莊子胠篋篇跖之徒問於跖曰盜亦有道乎跖曰何適而無有道邪夫妄意室中之藏聖也入先勇也出後

義也、知可否、知也、分均、仁也、案何適而無有道邪、本作何適其有道邪、適、與啻同、言豈但有道而已哉、乃聖勇義知仁五者皆備也、後人不知適與啻同、而誤讀爲適齊適楚之適、因妄改之耳、淮南道應篇作奚適其無道也、無字亦後人所改、呂氏春秋當務篇作奚啻其有道也、魯語、奚啻其聞之也、句法正與此同、足正後人妄改之非、而陸氏莊子釋文不爲適字作音、則所見本已非其舊矣、

祇　多

詩我行其野曰、成不以富、亦祇以異、毛傳曰、祇適也、常語也、字或作多、襄二十九年左傳、祇見疏也、正義祇作

多云、多見疏、猶論語云、多見其不知量也、服虔本作祇見疏、解云、祇、適也、晉宋杜本皆作多、古人多祇同音、家大人曰、襄十四年左傳、荀偃曰、吾令實過、悔之何及、多遺秦禽、多讀爲祇、祇、適也、言若不班師、則適爲秦所禽獲而已、杜注曰、恐多爲秦所禽獲、非也、又昭二十五年公羊傳、子家駒曰、季氏得民衆久矣、君無多辱焉、多、亦讀爲祇、言君無適自取辱也、昭二十九年左傳曰、君祇辱焉、是也、釋文、多字無音、蓋不知爲祇之借字、引之謹案、定十五年左傳、存亾有命、事楚何爲、多取費焉、多、亦讀爲祇、言事楚、則適自取貢獻之費也、昭十三年傳曰、祇取辱焉、二十六年傳曰、祇取誣焉、定四年傳曰、祇取勤焉、哀十四年傳曰、祇取𠇍焉、文義正相合也、哀八年傳、不足以害吳而多殺國士不如己也、多、亦讀爲祇、言不足以害吳人而適傷魯之國士也、僖十五年傳曰、晉未可滅而殺其君祇以成惡、哀十三年傳曰、無損於魯而祇爲名、文義正相合也、釋文多字無音、皆失之

適

適、謂適然也、詩伐木曰、寧適不來、微我弗顧、昭十七年左傳曰、鳳鳥適至是也、

適、猶是也、荀子王霸篇、孔子曰、審吾所以適人、適人

之所以來我也、上適字訓爲往、下適字訓爲是、言我之所以往、卽是人之所以來、不可不審也、呂氏春秋胥時篇曰、王子光見五子胥而惡其貌、不聽其說而辭之曰、其貌適吾所甚惡也、言是吾所甚惡也、劉歆與楊雄書曰、今聖朝留心典誥、發精於殊語、欲以驗考四方之事、適子雲攘意之秋也、言是子雲攘意之秋也、

適、猶若也、韓子內儲說、鄭袖誡御者曰、王適有言、必亟聽從王言、言王若有言也、又曰、秦侏儒善於荊王左右、荊適有謀、侏儒常先聞之言荊若有謀也、外儲說右篇、國羊謂鄭君曰、臣適不幸而有過、願君幸而告之言臣

若不幸而有過也

識

識、猶適也、家大人曰、成十六年左傳、識見不穀而趨、無乃傷乎、言適見不穀而趨也、晉語作屬見不穀而下、韋注曰、屬、適也、適與識之同訓、猶適與直之同訓也、孟子告子篇曰、口腹豈適爲尺寸之膚哉、言豈直爲尺寸之膚也、直、如直不百步耳之直、識直二字、於古音屬職部、適於古音屬錫部、適之爲識、猶適之爲直也、識與適同義而不同音、九經古義謂識當爲適、非也、

屬 音燭

屬、適也。成二年左傳曰、下臣不幸屬當戎行。杜注曰、屬、適也。昭四年傳曰、屬有宗祧之事於武城。魯語曰、吾屬欲美之。韋注亦曰、屬、適也。

屬、猶今人言適纔也。晉語曰、屬見不穀而下、無乃傷乎。韋注曰、屬、適也。史記留侯世家曰、天下屬安定、何故反乎。

屬、猶祇也。昭二十八年左傳及晉語竝云、願以小人之腹、爲君子之心、屬饜而已。言祇取饜足而已也。韋注曰、屬、適也。適小飽足、則自節止。近之。杜以屬爲足、古無此訓、非也。

止

詩草蟲曰亦既見止亦既覯止毛傳曰止辭也

所

所者指事之詞若視其所以觀其所由之屬是也常語也

所猶可也晏子春秋雜篇曰聖人非所與嬉也非猶不也言聖人不可與戲也墨子天志篇曰今人處若家得罪將猶有異家所以避逃之者矣今人處若國得罪將猶有異國所以避逃之者矣今人皆處天下而事天得罪於天將無所以避逃之者矣所以可以也莊子知北

遊篇曰、人倫雖難、所以相齒、言可以相齒也。鹽鐵論未通篇曰、民不足於糟糠、何橘柚之所厭、言何橘柚之可厭也。史記淮陰侯傳曰、非信無所與計事者、言無可與計事者也。漢書所作可、是其證矣。所與可同義、故或謂可爲所、或謂所爲可、互見可字下。

所、猶若也、或也。書牧誓曰、爾所弗勖、其于爾躬有戮、言爾若弗勖也。史記周本紀集解引鄭注、曰所、且也、義亦相近。詩牆有茨曰、所可道也、言之醜也、言若可道也。僖二十四年左傳曰、所不與舅氏同心者、有如白水、言若不與舅氏同心也。論語雍也篇曰、予所否者、天厭之、天厭之、言予若否也。又宣十年左傳曰所有玉帛之使者則告不然則否言若有玉帛之使也孟子離婁篇曰上無道揆也下無法守也朝不信道工不信度君子犯義小人犯刑國之所存者幸也言國之或存者幸也

所語助也書無逸曰烏呼君子所其無逸言君子其毋逸也君子謂人君也所語助耳鄭注君子謂在官長者所猶處也皆失之禮記檀弓曰君之臣免於罪則有先人之敝廬在君無所辱命言君毋辱命也鄭注無所辱命辭不受也則所乃語助猶言君毋辱命耳成二年左傳曰能進不能退君無所辱命義與此同襄二十七年公羊傳曰無所用盟請使公子鱄約之言毋用盟

也。何注：無用爲盟。昭二十五年傳曰：君無所辱大禮。言君毋辱大禮也。

矧

爾雅曰：矧，況也。常語。

矤，猶亦也。書康誥曰：元惡大憝，矧惟不孝不友。言元惡大憝者，亦惟此不孝不友之人。又曰：不率大戛，矧惟外庶子訓人，惟厥正人，越小臣諸節，乃別播敷造民大譽，弗念弗庸，瘝厥君。言不率大戛者，亦惟此瘝厥君之人。下云：亦惟君惟長。文義正相近也。君奭曰：百姓王人，罔不秉德明恤，小臣屏侯甸，矧咸奔走。言亦咸奔走也。

矧、猶又也。大誥曰、寧王惟卜用、克綏受茲命、今天其相民、矧亦惟卜用、言又亦惟卜用也。酒誥曰、女劼毖殷獻臣、侯甸男衛、矧大史友、內史友、越獻臣百宗工、矧惟爾事、服休服采、矧惟若疇、圻父薄違、農父若保、宏父定辟、矧女剛制于酒、矧惟、又惟也。下云、又惟殷之迪諸臣惟工、是也。召誥曰、今沖子嗣、則無遺壽耇、曰其稽我古人之德、矧曰其有能稽謀自天、言既曰稽古人之德、又曰稽謀自天也。以上二條、皆非況之一訓所能該也。

爽

爽、發聲也。書康誥曰、爽惟民迪吉康、又曰、爽惟天其罰

殛我皆是也某氏傳訓爽爲明則義不可通凡書言洪惟爽惟丕惟誕惟迪惟率惟皆詞也解者皆失之

庶

論語先進篇曰回也其庶乎易繫辭傳曰顏氏之子其殆庶幾乎詩兔爰正義引易說日庶幸也幾覬也爾雅曰庶幸也庶幾尚也常語也

尚　上

說文曰尚庶幾也字亦作上詩陟岵篇上慎旃哉漢石經作尚

詩小弁箋曰尚猶也常語

說文曰、尙曾也、又曰、曾、詞之舒也、

逝　噬

逝發聲也、字或作噬、詩日月曰、乃如之人兮、逝不古處、言不古處也、碩鼠曰、逝將去女、適彼樂土、言將去女也、有杕之杜曰、彼君子兮、噬肯適我、言肯適我也、桑柔曰、誰能執熱、逝不以濯、言不以濯也、逝皆發聲、不爲義也、傳箋或訓爲逮、或訓爲往、或訓爲去、皆於義未安

率

率用也、詩思文曰、貽我來牟、帝命率育、毛傳曰、率用也、正義曰、釋詁云、率、由、自也、由自俱訓爲用、故率爲用也

案帝命率育、謂天命用此來牟養萬民也、箋曰、率循也、天命以是循存后稷養天下之功、失之、家大人曰、書堯典曰、蠻夷率服、率用也、言爲政如此、則蠻夷用服也、某氏傳曰、相率而來服、失之、又曰、於予擊石拊石、百獸率舞、率用也、百獸用舞、猶上文言神人以和耳、又皋陶謨曰、於予擊石拊石、百獸率舞、庶尹允諧、下二句相對爲文、率與允、皆用也、說見允字下、鄭注曰、百獸相率而舞、衆正之官信得其諧和、皆失之、鄭注見周官大司樂疏、盤庚曰、率籲衆慼出矢言、率用也、籲呼也、慼貴慼也、矢誓也、言民不肯遷、盤庚用呼衆貴慼之臣出誓言以曉喻之也、誓言猶誥言也、爾雅、誥誓謹也、郭注曰、皆所以約勑謹戒衆、是也、某氏傳曰、籲和也、率和衆憂之人、出正直之言、皆非是、尚書後案已辯之、多士曰、予惟率肆矜爾、率用也肆緩也言予惟用肆赦矜憐爾也君奭曰予惟用閔于天越民句法與此相似傳曰我惟循殷故事憐愍汝失之辭見經義述聞呂刑曰故乃明于刑之中率乂于民棐彝率用也言能明于刑之中正用治于民輔成常教也傳曰循道以治於民失之詩載見曰率見昭考以孝以享亦謂用見昭考也載見辟王率見昭考皆指諸侯言之箋曰伯率之見於武王廟增伯字以成其義失之家大人曰率語助也文選江賦注引韓詩章句曰聿辭也聿與率聲近而義同書湯誓曰夏王率遏眾力率割夏邑有眾率怠弗協馬注眾民相率怠墮不和同失之見史記殷本紀集解君奭曰率惟茲有陳保乂有殷陳道也言惟茲有道諸臣能保乂有殷也率語助耳王肅

注曰、循此數臣有陳列之功、失之、辯見經義述聞我祖底遂陳于上下、立政曰、亦越武王率惟敉功、不敢替厥義德、率惟謀從容德、案敉安也、功事也、言武王惟安其故事、不敢廢文王之義德、又惟謀從寬容之德也、兩率字皆語助、某氏傳曰、武王循惟文王撫安天下之功、循惟謀從文王寬容之德、皆失之、逸周書祭公篇曰、俾百僚乃心率輔弼予一人、孔晁注、使百官相率輔弼我、失之、以上諸率字皆語助耳、解者皆失之、

式

式、語詞之用也、詩斯干曰、式相好矣、是也、常語也、

式、發聲也、爾雅曰、式微式微者、微乎微者也、詩式微箋用爾雅、云、式、發聲也、

經傳釋詞弟九

經傳釋詞弟十

高郵王引之

彼

彼、匪也、詩桑扈曰、彼交匪敖、襄二十七年左傳說此詩曰、匪交匪敖、福將焉往、成十四年引詩彼交匪傲、漢書五行志作匪儌匪傲、采菽曰、彼交匪紓、荀子勸學篇引作匪交匪舒、是彼訓匪也、交讀爲姣、姣、侮也、匪交匪敖、匪交匪紓、皆謂不侮慢也、說者以彼爲彼此之彼、交爲交接之交、失之、辯見經義述聞。

末

末無也常語

末猶未也檀弓曰魯莊公及宋人戰于乘邱縣賁父御卜國爲右馬驚敗績公隊佐車授綏公曰末之卜也末猶未也之是也指御而言言倉卒出戰未卜戎御故不得其人以致覂駕蓋以罪縣賁父也

末猶勿也禮記文王世子曰命膳宰曰末有原鄭注曰末猶勿也勿有所再進

末發聲也哀十四年公羊傳曰其諸君子樂道堯舜之道與末不亦樂乎堯舜之知君子也末蓋發聲末不亦不亦也也猶邪也言不亦樂乎後世堯舜之知君子邪

下文制春秋之義以俟後聖以君子之爲亦有樂乎此也匡申明此句之意

蔑

蔑無也常語

蔑猶不也成十六年左傳曰寧事齊楚有亾而已蔑從晉矣晉語曰吾有死而已吾蔑從之矣言不從也

比

比皆也說文曰皆俱詞也從比從白徐鍇曰比皆也孟子告子篇曰比天之所與我者先立乎其大者則其小者不能奪也家大人曰比猶皆也言耳目與心皆天之

所與我者，而心爲大。趙注以比爲比方，謂比方天所與人性情。失之。或改比爲此，改趙注

比方爲此，乃尤非。秦策曰：「頓足徒裼，犯白刃，蹈煨炭，斷死於前

者，比是也。」鮑彪於比下增一比字，曰：「比，次也。」言如此者相次不一。非是。韓子初見秦

篇比作皆。齊策曰：「中山再戰比勝。」言再戰皆勝也。大戴

禮保傅篇曰：「於是比選天下端士。」漢書賈誼傳比作皆。

薄

薄，發聲也。詩葛覃曰：「薄汙我私，薄澣我衣。」又芣苢曰：「薄

言采之。」傳曰：「薄，辭也。」時邁曰：「薄言震之。」韓詩薛君傳與

毛傳同。後漢書李固傳注引。

毋

毋雖也。爾雅曰：每有，雖也。詩常棣曰：每有良朋，況也永歎。又曰：雖有兄弟，不如友生。每有猶雖有耳。箋曰：雖有善同門來茲對之，長歎而已。

不　丕　否

不，弗也。常語。

玉篇曰：不，詞也。經傳所用，或作丕，或作否，其實一也。有發聲者，有承上文者。其發聲者，書西伯戡黎曰：我生不有命在天。某氏傳曰：我生有壽命在天。蓋不爲發聲。不有，有也。與他處不訓爲弗者不同。不有命在天，不須加乎字以足之。史記殷本紀云：我生不有命在天乎，失之矣。康誥曰：惟乃丕顯考文王。丕顯考，顯考也。通作不顯。毛詩曰：不顯，顯也。則上一字乃發聲。箋解爲豈不顯，失其意矣。酒誥曰丕惟曰爾克永觀省（此與丕訓爲大者不同解者多失之下倣此）又曰女丕遠惟商耉成人宅心知訓召誥曰其丕能誠于小民（丕語詞其丕能其能也顧命曰其能而亂四方）又曰丕若有夏歷年洛誥曰公稱丕顯德（丕顯德顯德也丕語詞）多士曰丕靈承帝事（丕語詞丕靈承靈承也多方曰不克靈承于旅又曰靈承于旅）君奭曰丕單稱德又曰丕承無疆之恤多方曰罔丕惟進之恭又曰爾尚不忌于凶德（不語詞不忌忌也緇衣鄭注曰忌之言戒也言以凶德爲戒也傳解爲不自忌入於凶德失之）文矦之命曰丕顯文武緇衣引甫刑曰播刑之不迪（不語詞不迪迪也故古文尚書作播刑之迪鄭以不爲衍文失之）孟子滕文公引書曰丕顯哉文王謨丕承哉武王烈（顯哉承哉贊美之詞丕則發聲也字通作不詩清廟曰不顯不承傳

云、顯於天矣、見承於人矣、則不爲發聲可知、箋乃云、是不光明文王之德與、是不承順文王志意與、失其意矣、丕顯丕承、卽不顯、不承、趙注訓丕爲大、亦失之、逸周書大匡曰、二三子不尚助不穀、下不字訓爲弗、上不字則語詞、孔晁注云、不尚、尚也、皇門曰、丕承萬子孫、祭公曰、公稱丕顯之德、又曰、我不則寅哉寅哉、孔注云、不則、言則也、苟良夫曰、不其亂而、詩匏有苦葉曰、濟盈不濡軌、傳云、濡、漬也、由輈以下爲軌、又解雉鳴求其牡云、違禮義不由其道、猶雉鳴而求其牡矣、飛曰雌雄、走曰牝牡、箋云、渡深水者必濡其軌、言不濡者、喻夫人犯禮而不自知、雉鳴反求其牡、喻夫人所求非所求、案軌、車轊頭也、去地三尺有三寸、濟盈無不濡軌之理、不蓋語詞、不濡、濡也、言濟盈則濡軌、此理之常也、而違犯禮義者、何反其常乎、牡、猶雄也、正義曰、飛曰雌雄、走曰牝牡、此其定例耳、若散則通、故書曰牝雞之晨、傳曰獲其雄狐、是也、據此、則雌雄亦得稱牝牡、雉鳴求其牡者、謂求其雄也、言鳥獸所求必於其耦、何夫人之所求非其耦乎、牡卽雉之雄

者故曰其牲若屬之走獸不得言其矣傳箋失之

常棣曰鄂不韡韡傳云鄂猶鄂鄂然言外發也韡韡光明也則不字乃語詞鄂不韡韡猶言天之沃沃耳箋云承華者曰鄂不當爲拊拊鄂足鄂足得華之光明則韡韡然盛古聲不拊同案詩詠草木之華皆直美其華之色無以鄂足言之者且韡韡光明華色則然鄂足隱在華下安所見其韡韡哉鄭亦知鄂足不得言韡韡乃爲之說云鄂足得華之光明則韡韡然盛迂回而難通矣王肅述毛云不韡韡言韡韡也以興兄弟能內睦外禦則彊盛而有光燿若常棣之華發也斯言得之

車攻曰徒御不警大庖不盈傳云不警警也不盈盈也則不爲語詞與訓弗者不同不必增字以足之解爲豈不警乎豈不盈乎也箋謂反其言美之失其意矣

何人斯曰否難知也否語詞否難知難知也言其心孔艱不可測也箋乃云否不通也我與汝情不通汝與於譖我與否復難知也失之

桑扈曰不戢不難受福不那傳云戢聚也不戢戢也不難難也那多也不多多也則不爲語詞箋乃云不自斂以先王之法不自難以亾國之戒則其受福祿亦不多

也失之菀柳曰有菀者柳不尚息焉箋云有菀然枝葉茂盛之柳行路之人豈有不庶幾欲就之止息乎案不語詞不尚尚也是正言非反言故句末用焉字有菀者柳不尚愒焉文王曰有周不顯帝命不時傳云有周周也不顯顯也不時時也則不顯爲語詞猶有爲語詞也箋乃云周之德不光明乎天命之不是乎失之此不字與訓弗者不同不必增乎字以足其義也又曰不顯亦世此不字亦語詞傳解爲不世顯德乎失之世之不顯不語詞世之不顯世之顯也若作不顯乎解則與之字文義不相承矣以是明之又曰其麗不億不語詞不億億也商之孫子其麗不億猶曰子孫千億耳箋以爲不徒億失之趙岐孟子注誤與箋同大明曰不顯其光傳曰然後可以顯其光輝則不爲語詞可知箋解爲不明乎失之思齊曰不顯亦臨傳云以顯臨之則不爲語詞箋乃云有賢才之質而不明者亦得觀於禮或又解爲幽隱之處此皆誤以不爲弗故說之多歧不知不顯之不語詞與他處訓爲弗者不同也又案亦字語詞與亦

既見止亦汎汎其流之亦同非謂顯固臨不顯亦臨也例以下句之無射亦保文王之不顯亦世而文義自明

又曰肆戎疾不殄烈假不瑕傳云大疾害人者不絕之而自絕也烈業假大也箋云厲假皆病也瑕已也大疾害人者不絕之而自絕爲厲假之行者不已之而自已案不語詞不殄殄也不瑕瑕也言大疾則絕矣厲假之病則已矣漢唐公房碑云癘蠱不遐去其螟蝛斯德祐之效也然則癘假當作癘蠱瑕與遐同戎疾之絕癘蠱之已皆鬼神保祐也不殄不瑕文義已足不必迂回其說而云不絕之而自絕不已之而自已也

不聞亦式不諫亦入傳云言性與天合也正義云毛以爲言文王之聖德自生知無假學習不聞人之道說亦自合於法不待臣之諫諍亦自入於道案不語詞不聞聞也不諫諫也式用也入納也言聞善言則用之進諫則納之宣二年左傳曰諫而不入則莫之繼也是納諫爲入也傳說失之箋又云有仁義之行而不聞達者亦用之助祭有孝悌之行而不能諫爭者亦得入其說尤疏亦字亦語詞豈謂聞固式不聞亦式諫固入不諫亦入邪

下武曰不遐有佐傳云遠夷來佐則不爲語詞

生民曰、上帝不寧、不康禋祀、傳曰、不寧寧也、不康康也、則不爲語詞、箋乃云心猶不安之、又不安徒以禋祀而無人道、失之、卷阿曰、矢詩不多、傳云、不多多也、抑曰、萬民是不承、今本作萬民靡不承、釋文、靡不承、一本靡作是、案作是者是也、箋云、天下之民、不承順之乎、言承順也、不爲靡字作解、則一本爲長、不語詞、不承承也、爾雅云、是、則也、萬民是不承、言萬民則承順之矣、不須加乎字以足其義、崧高曰、不顯申伯、傳云、不顯申伯、顯矣申伯也、則不爲語詞、正義謂豈不光顯申伯乎、失之、韓奕曰、不顯其光、與大明不顯其光同、正義云、可謂不顯其禮之有光榮乎、失之、召旻曰、維昔之富、不如時、維今之疚、不如茲、家大人云、不語詞、不如時、如是也、不如茲、如此也、疚、貧也、釋文云、疚字或作灾、說文、灾、貧病也、廣雅、灾、貧也、灾與富相對爲文、言昔也賢人食祿、其富如是、今也賢人失所、其貧如此也、變貧言疚、以與富爲韻耳、傳解維昔之富不如時、云往者富仁賢、今也富讒佞、解維今之疚不如茲、云今則病賢也、箋云、時、今時也、茲、此也、此者、此古昔明王、蓋皆訓不爲弗、失之矣。又曰：池之竭矣，不云自頻。箋云：池水之溢由外灌焉，今池竭，人不云由外無益者與？言由之也。案：不，語詞。不云自頻，云自頻也。泉之竭矣，不云自中。云自中也。又曰：不烖我躬。箋云：是不烖王之身乎？案：不，語詞。不烖，烖也。清廟曰：不顯不承。說見上。維天之命曰：於乎不顯。烈文曰：不顯維德。不，發聲。箋解爲不勤明其德乎，失之。執競曰：不顯成康。不顯成康，於穆清廟，伊嘏文王，詞皆在上。傳解爲不顯乎，失之。那曰：亦不夷懌。箋云：亦不說懌乎？言說懌也。案：不，語詞。不須加乎字以釋之。禮記射義曰：幼壯孝弟，耆耋好禮，不從流俗，脩身以俟死者，不在此位也。不從之不訓爲弗。不在之不爲語詞。不在，在也。鄭斷者不爲何云有此行，不失之。日知錄謂幼上當有非字，以語急而省之，尤非。又曰：好學不倦，好禮不變，旄期稱道不亂者，不在此位也。不倦、不變、不亂之不訓爲弗。不在之不爲語詞。僖二十八年左傳曰：「奉揚天子之丕顯休命。」丕語詞，丕顯休命，顯休命也。多方曰：「降顯休命于成湯。」宣四年曰：「若敖氏之鬼，不其餒而？」襄二十九年曰：「先君若有知也，不尚取之。」正義引服虔云：不尚，尚也。尚當取女叔侯殺之。昭三年曰：「昧旦丕顯。」丕語詞，丕顯，顯也。言昧旦晳即已光明其德。杜注訓丕爲大，失之。晉語曰：「夫晉公子在此，君之匹也，君不亦禮焉？」不亦，亦也。僖二十五年左傳「君其禮焉」，文義與此同。爾雅釋器曰：「不律謂之筆。」律、筆聲近而語轉，不則發聲也。釋邱曰：「夷上洒下，不漘。」郭注曰：不，發聲。孫炎以爲衍字，失之。釋魚曰：「龜左倪不類，右倪不若。」邢疏曰：不，發聲也。周禮龜人曰靁屬、北龜曰若屬是也。案：不爲發聲，故亦可省之而稱靁稱若。孟子公孫丑篇曰：「雖褐寬博，吾不惴焉？」不，語詞。不惴，惴也。言雖被褐之夫，吾懼之。趙注謂雖敵人被褐寬博一夫，不當輕驚懼之、疏矣。楚詞招魂曰、被文服纖麗而不奇些。王注云、不奇、奇也、猶詩云不顯文王、不顯、顯也、言其容靡麗、誠足奇怪也。東周策曰、今君將施於大人、大人輕君、施於小人、小人無可以求、又費財焉、君必施於今之窮士、不必且爲大人者、故能得欲矣。不必、必也、不、語詞。鮑彪注曰、不必、猶不可、失之。秦策曰、楚國不尚全事。高注曰、不尚、尚也。史記楚世家作吾國尚可全、明不爲語詞。皆發聲也。其承上文者、書禹貢曰、三危既宅、三苗丕敘。丕乃承上之詞、猶言三苗乃敘也。諸家皆誤訓丕爲大。下倣此。盤庚曰、王播告之修、不匿厥指。此不字訓爲弗、下不生生同。王用丕欽、罔有逸言、民用丕變。又曰、女克黜乃心、施實德于民、至于婚友、丕乃敢大言、女有積德。丕乃、猶言於是也。傳解爲大乃敢言、則文不成義。又曰、女萬民乃不生生、暨予一人猷同心先后丕降與女罪疾、猶言乃降與女罪疾又曰、玆予有亂政同位具乃貝玉乃祖乃父丕乃告我高后又曰、迪高后丕乃崇降弗祥康誥曰、至于旬時丕蔽要囚、小司寇曰、至于旬、乃蔽之、文義正同、又曰、無作怨勿用非謀非彝蔽時忱丕則敏德丕則猶言於是也既斷行是誠信之道於是勉行德教也傳解爲大法敏德失之、梓材曰、后式典集庶邦丕享、言君能和集庶邦於是庶邦來享也、召誥曰、厥既命殷庶庶殷丕作、言既命庶殷庶殷乃作也無逸曰、乃逸乃諺既誕、否則侮厥父母、漢石經否作不不則、猶於是也、言既已妄誕、於是輕侮其父母也傳謂己欺誕父母不欺、則輕侮其父母、文義難通、又曰、今日耽樂乃非民攸訓非天攸若時人丕則有愆言是人於是有過也、傳謂是人則大有過既誤訓大又亂其字之先後矣又曰乃變亂先王之正刑至于小大民否則厥心違怨否則厥口詛祝言民於是厥心違怨於是厥口詛祝也立政曰我其立政立事準人牧夫我其克灼知厥若丕乃俾亂言既灼知厥若於是使治之也下文茲乃俾乂文義正同逸周書祭公曰天之所錫武王時疆土丕維周之基丕維后稷之受命是永宅之維我後嗣旁建宗子丕維周之始并嗚呼天子三公監于夏之既敗丕則無遺後難言於是無遺後難也至于萬億年守序終之既畢丕乃有利宗言於是有利宗也丕維文王由之皆承上之詞也凡此皆古人屬詞之常例後世解經者但知不之訓弗否之訓不丕之訓大而不知

其又爲語詞，於是强爲注釋，而經文多不可通矣。三危既宅，三苗丕敘，厥既命殷庶，庶殷丕作，既誕否則侮厥父母，皆先言既而後言丕，其爲承上之詞，顯然明白。而史記夏本紀乃云三苗大敘，則知三代語言，漢人猶難徧識，願學者比物醜類以求之。

不否，非也。呂刑曰：何擇非人，何敬非刑，何度非及。墨子尚賢篇引作女何擇否人（今本否誤作言。葢篆書否字作否，言字作言，二形相似；隸書否字或作否，言字或作言，亦相似，故否誤爲言。）何敬不刑，何度不及。尚同篇曰：先王之書相年之道曰：夫建國設都，乃作后王君公，否用泰也，輕大夫師長，否用佚也，維辯使治天均，則此語古者上帝鬼神之建設國都立正長也非高其爵厚其祿富貴游佚而錯之也將以爲萬民興利除害富貴貧寡安危治亂也是不也否也皆非也故非敢謂之不敢士相見禮主人對曰某不敢爲儀今文不爲非是也苟非謂之苟不中庸曰苟不至德至道不凝焉正義曰不非也又曰苟不固聰明聖知達天德者其孰能知之是也豈非謂之豈不莊子讓王篇先生不受豈不命邪荀子君道篇是豈不必得之之道也哉是也不與非同義故有時互用大戴禮王言篇畢弋田獵之得不以盈宮室也徵斂於百姓非以充府庫也墨子非命篇上之所賞命

固且賞非賢故賞也上之所罰命固且罰不暴故罰也

不亦非也

不否無也堯典曰否德忝帝位言無德也傳曰否不也、不亦無也、

王風君子于役曰不日不月言無一定之日月序所謂行役無期度也周官大司馬曰若師不功則厭而奉主車言師無功也與上若師有功相對爲文大學曰其本亂而末治者否矣言事所必無也下文其所厚者薄而其所薄者厚未之有也與此文異而義同莊十四年左傳曰人無釁焉妖不自作自由也言妖無由作也正義曰妖孽不能自作失之晉語曰不本而犯言無本也無本謂言不本於皃皃不本於情即上文所謂中不濟而外強論之外內類而言反之也韋注謂行不本仁義失之

語先進篇曰、人不閒於其父母昆弟之言、言人無有非其父母昆弟之言也。說見經義述聞。故洪範無偏無黨、無黨無偏。史記張釋之馮唐傳贊引作不偏不黨、不黨不偏。呂刑鰥寡無蓋、墨子尚賢篇引作鰥寡不蓋。秦策一戰不勝而無齊、韓子初見秦篇作不齊。

不、毋也、勿也。大雅板曰、無敢戲豫、無敢馳驅。昭三十二年左傳引作不敢戲豫、不敢馳驅。無、與毋通、不、亦毋也。召誥曰、王不敢後、用顧畏于民碞。言王顧畏民碞、毋敢或後也。孟子滕文公篇我且往見、夷子不來。言我將往見夷子、夷子勿來也。

非

玉篇曰、非、不是也。常語。

服虔漢書蕭望之傳注曰、非、不也。書般庚曰、肆予沖人、非廢厥謀、言不廢厥謀也。又曰、各非敢違卜、某氏傳曰、君臣用謀、不敢違卜也。大戴禮記保傅篇、人性非甚相遠也、漢書賈誼傳非作不。

匪

詩木瓜傳曰、匪、非也。常語。

匪、不也。詩殷武曰、稼穡匪解、言不懈也。車舝曰、匪飢匪渴、箋曰、雖飢不飢、雖渴不渴。周語引頌曰、莫匪爾極、韋注曰：匪，不也。無不於女時，得其中也。廣雅曰：匪，彼也。家大人曰：詩小旻曰：如匪行邁謀，是用不得于道。襄八年左傳引此詩，杜注曰：匪，彼也。如匪行邁謀，是用不得于道，猶下文言如彼築室于道謀，是用不潰于成。亦猶雨無正曰：如彼行邁也。箋曰：匪，非也。不行而坐圖遠近，失之。又定之方中曰：匪直也人。傳曰：匪徒庸君。訓匪直爲匪徒，訓人爲庸君，皆失之。秉心塞淵。言彼正直之人，秉心塞淵也。匪風曰：匪風發兮，匪車偈兮。言彼風之動發發然，彼車之驅偈偈然也。傳曰：發發，飄風，非有道之風；偈偈，疾驅，非有道之車。漢書王吉傳：吉引詩說曰：是非古之風也，發發者；是非古之車也，偈偈者。皆失之。都人士曰：匪伊垂之，帶則有餘；匪伊卷之，髮則有旟言彼帶之垂則有餘彼髮之卷則有旟猶上文言彼都人士垂帶而厲彼君子女卷髮如蠆也箋曰言士非故垂此帶也帶於禮自當有餘也女非故卷此髮也髮於禮自當有旟也失之解者訓匪爲非故多不安

無　毋　亾　忘　妄

無毋勿也常語

孟康注漢書貨殖傳曰無發聲助也字或作毋詩文王曰無念爾祖傳曰無念念也抑曰無競維人執競曰無競維烈傳竝曰無競競也箋解抑篇曰無彊於得賢人解烈文曰無彊乎維得賢人也解執競及武篇曰無彊乎其克商之功業皆誤以爲有無之無隱十一年左傳無寧

茲許公復奉其社稷。襄二十四年：「無寧使人謂子子實生我。」杜注竝曰：「無寧，寧也。」襄二十九年：「且先君而有知也，毋寧夫人，而焉用老臣。」服虔注曰：「毋寧，寧也。」寧自取夫人，將焉用老臣乎？魯語曰：「彼無亦置其同類。」韋注曰：「無亦，亦也。」周語曰：「無亦擇其柔嘉。」無亦，亦也。韋注曰：「無亦，不亦也。」失之。下晉語同。又曰：「王無亦鑒于黎苗之王。」晉語曰：「公子無亦晉之柔嘉，是以甘食。」楚語曰：「女無亦謂我老耄而舍我，而又謫我。」無亦，亦也。舍，謂不諫戒也。言我老矣，女亦謂我老而舍我可也，柰何又謫我邪？是自謂其老，不欲人之見而諫戒之也。故左史曰：「唯子老耄，故欲見以交儆子。」又引衛武公之言曰：「無謂我老耄而舍我。」辯見經義述聞。成二年左傳曰：「無亦唯是一矢以相加遺。」襄二十四年曰無亦是務乎昭二十三年曰無亦鑒乎若敖蚡冒至于武文並同是無爲發聲也又書微子曰今爾無指告予顛隮若之何其某氏傳曰汝無指意告我殷邦顛隕隮墜若之何其救之案今爾無指告當爲一句無發聲無指告指告也指讀曰底底致也襄九年左傳曰無所底告盤庚曰其惟致告是也言我殷將顛墜若何而可今爾其致告我以救之之道乎倒文則曰今爾無指告予顛隮若之何其耳作傳者不知無爲發聲指告爲底告故文義乖而句讀亦舛也說詳經義述聞詩小旻曰如彼泉流無淪胥以敗抑曰如彼泉流無淪胥以亾無發聲無淪胥以敗淪胥以敗也言周德日衰如泉水之流滔滔不返無論智愚賢否將相率而底於敗亾也無淪胥以亾淪胥以亾也言皇天弗尚禍亂日生如泉水之流滔滔不返周之君臣將相率而底於敗亾也雨無正曰若此無罪淪胥以鋪語意正相近箋解小旻則曰無相牽率爲惡以自濁敗解抑篇則曰無自率行爲惡皆與之以亾俱誤以無

爲戒詞。禮記祭義曰：天之所生，地之所養，無人爲大。無人爲大，人爲大也。大戴禮記曾子大孝篇：天之所生，地之所養，人爲大矣。則無爲發聲可知。正義曰：天地生養萬物之中，無如人最爲大，失之。昭二十六年左傳曰：我無所監夏后及商。杜注曰：言追監夏商之亡。是無爲發聲。管子立政九敗解篇曰：人君唯毋聽寢兵，毋，發聲。毋聽，聽也。下無好同。則羣臣賓客莫敢言兵。人君唯毋聽兼愛之說，則視天下之民如其民，視國如吾國。人君唯無好全生，則羣臣皆全其生，而生又養。又，與有同。人君唯無聽私議自貴，則民退靜隱伏，窟穴就山，非世閒上，輕爵祿而賤有司。人君唯無好金玉貨財，必欲得其所好，則必易之以大官尊位，尊爵重祿。人君唯毋聽羣徒比周則羣臣朋黨蔽美揚惡人君唯毋聽觀樂玩好則敗人君唯毋聽請謁任譽則羣臣皆相爲請人君唯無聽諂諛飾過之言則敗墨子尚賢篇曰古者聖王唯毋得賢人而使之般爵以貴之裂地以封之終身不厭賢人唯毋得明君而事之竭四肢之力以任君之事終身不倦又曰今唯毋以尚賢爲政其國家百姓使國之爲善者勸爲暴者沮又曰然昔吾所以貴堯舜禹湯文武之道者何故以哉以其唯毋臨衆發政而治民使天下之爲善者可而勸也爲暴者可而沮也毋發聲毋得得也毋以以也毋臨衆發政臨衆發政也下尚同篇之毋立毋以非攻篇之毋興起毋廢一時節用篇之毋興師節葬篇之毋法

無以天志篇之毋明非樂篇之毋造爲毋慮毋爲樂毋在乎竝同詳讀書雜志以上皆發聲

無轉語詞也字或作亡或作忘或作妄或言亡其或言意亡或言亡意亦或言將妄其義一也墨子非攻篇曰爲其上中天之利而中中鬼之利而下中人之利故譽之與意亡非爲其上中天之利而中中鬼之利而下中人之利故譽之與意與抑同亡與無同皆詞也漢書貨殖傳寧爵無不孟康注曰奴自謂寧欲免去作民有爵邪無將止爲刁氏作奴乎文義與此同非命篇曰不識昔也三代之聖善人與意亡昔三代之暴不肖人與莊子外物篇曰抑固窶邪亡其略弗及邪郭象注曰略無弗及之事也既誤以爲有無之無又亂其次矣呂氏春秋審爲篇曰君將攫之乎亡其不與愛類

篇曰：必得宋乃攻之乎？以其不得宋且不義，猶攻之乎？淮南脩務篇以作忌。秦策曰：意者臣愚而不闔於王心邪？以其言臣者將賤而不足聽邪？今本以譌作已，錢本曾本並作以，與史記范睢傳合。索隱曰：以猶輕蔑也。失之。趙策曰：不識三國之憎秦而愛懷邪？忘其憎懷而愛秦邪？忘與以同。又曰：秦之攻趙也，倦而歸乎？以其力尚能進，愛王而不攻乎？以其，今本依史記虞卿傳改作王。以其，錢本劉本並作以其，與新序善謀篇合。韓策曰：聽子之謁而廢子之道乎？又以其行子之術而廢子之謁乎？又字後人所加，韓子外儲說篇無又字。史記魯仲連傳：以意亦捐燕弃世，東游於齊乎？以意亦，皆詞也。意亦者，抑亦也。索隱斷以意為句，注曰：無還燕意。失之。越語曰：道固然乎？妄其欺不穀邪？妄與以同，當讀寧爵無刁之無。鄭注儒行曰：妄之言無也。莊子庚桑楚篇曰：是其於辯也，將妄鑿垣墻而殖蓬蒿也。將妄與將無同也，與邪同。郭象注：將令後世妄行穿鑿而殖穢亂也。失之。新序雜事篇曰：先生老悖與？妄爲楚國妖與？楚策作先生老悖乎？將以爲楚國祆祥乎？則妄爲語助。

以上皆轉語詞。

無，猶得無也。士喪禮筮宅辭曰：哀子某爲其父某甫筮宅，度兹幽宅兆基，無有後艱。鄭注曰：得無後將有艱難乎？又卜葬日辭曰：哀子某來日卜葬其父某甫，考降無有近悔。鄭注曰：得無近於咎悔者乎？

無乃，猶得無也。宣十二年公羊傳注。周語曰：其無乃廢先王之訓而王幾頓乎？隱三年左傳曰：無乃不可乎？

無寧猶無乃也，家大人曰，昭二十二年左傳曰，無寧以爲宗羞，言宋若自誅華氏，無乃以爲宗族之羞，不如使楚戮之也，杜注曰，無寧，寧也，失之，寧訓爲乃，見寧字條下，

無，不也，薛綜東京賦注曰，無，猶不也，書洪範，無偏無黨，墨子兼愛篇漢書谷永傳注，並引作不偏不黨，呂刑，鰥寡無蓋，墨子尚賢篇引作鰥寡不蓋，論語學而篇，食無求飽，居無求安，漢書谷永傳引作居不求安，食不求飽，老子下篇，聖人不積，魏策引作聖人無積，詩皇矣，不大聲以色，不長夏以革，墨子天志篇引作毋大聲以色，毋長夏以革，毋與無通，禮記月令，五穀無實，呂氏春秋孟秋紀作五穀

不實三年問無易之道也鄭注曰無易猶不易也荀子禮論篇作不易之術又至於不窮夫焉能相與羣居而不亂乎荀子作無窮無亂郊特牲曰昆蟲毋作言不作也大傳曰可無慎乎言不慎也文十二年左傳曰國無陋矣言不陋也成二年曰無顧上宜言不顧土宜也論語雍也篇毋以與爾鄰里鄉黨乎毋與無同言九百之粟爾雖不欲然可分於鄰里鄉黨爾不以與之乎言當與之也孔注讀毋字絕句云祿法所當受無以讓也失之無否也襄九年左傳曰穆姜始往東宮而筮之史曰君必速出姜曰亡亡杜注曰亡猶無也案亡與無同猶否也莊子大宗師篇曰

子祀曰女惡之乎曰亾予何惡至樂篇曰支離叔曰子惡之乎滑介叔曰亾予何惡達生篇曰請問蹈水有道乎曰亾吾無道亾與無同言否也

無非也禮記禮器曰苟無忠信之人則禮不虛道易繫辭傳曰苟非其人道不虛行文義與此同言非忠信之人則禮不虛行也管子形勢解曰無德厚以安之無度數以治之則國非其國而民無其民言國非其國而民非其民也

無未也荀子正名篇志輕理而不重物者無之有也外重物而不內憂者無之有也行離理而不外危者無之有也外危而不內恐者無之有也言未之有也

罔

罔、無也、常語。

罔、猶不也。書盤庚曰、罔罪爾衆。某氏傳曰、今我不罪女。微子曰、乃罔畏畏。傳曰、上不畏天災、下不畏賢人。是也。又盤庚曰、罔知天之斷命。言不知天將斷絕女命也。詩抑曰、罔敷求先王、克共明刑。言女不克廣索先王之明刑而執守之也。箋曰、無廣索先王之道與能執法度之人乎。失之。

罔、猶得無也。家大人曰、楚辭九章曰、欲高飛而遠集兮、君罔謂女何之。洪興祖補注曰、言欲高飛遠集、去君而不仕、得無謂女遠去、欲何所適也。王注以爲誣罔、失之。

微

微、無也、詩式微曰、微君之故、周語曰、微我晉不戰矣、毛傳韋注竝曰、微無也、宣十二年公羊傳曰、君之不令臣交易爲言、是以使寡人得見君之玉面、而微至乎此、微無也、此謂上文錫之不毛之地也、言寡人得見君面、徒以君之不令臣爲惡言激怒使然耳、而其實貳而伐之服而舍之、無或至於滅國遷君若此之甚也、何注曰、微、喻小也、積小言語以致於此、失之、說見經義述聞、

微、非也、詩柏舟曰、微我無酒、箋曰、非我無酒、禮記檀弓曰、雖微晉而已、注曰、微非也、

勿

勿無也莫也常語

廣雅曰、勿非也詩靈臺曰、經始勿亟箋曰、度始靈臺之基趾、非有急成之意

勿語助也詩節南山曰、弗問弗仕勿罔君子勿罔罔也言弗問而察之則下民欺罔其上矣傳曰、勿罔上而行也、則與弗問弗仕之文不相承箋曰、勿當作末不問而察之、則下民末罔其上矣亦未安僖十五年左傳曰、史蘇是占、勿從何益勿從從也言雖從史蘇之言亦無益也杜注曰、雖復不從史蘇、不能益禍失之、與他處訓無者不同、

夫

夫、猶乎也、歎辭也。趙岐注孟子告子篇曰、夫歎辭也。在句末者、易繫辭傳曰、古之聰明睿知神武而不殺者夫。禮記檀弓曰、爾責於人終無已夫。三年之喪、亦已久矣夫、是也。在句中者、檀弓曰、仁夫公子重耳。論語子罕篇曰、逝者如斯夫、不舍晝夜、是也。

夫、指事之辭也。禮記檀弓曰、子惡夫涕之無從也。禮運曰、是故夫禮、僖二十四年左傳曰、夫袪猶在、宣二年曰、公嗾夫獒焉。周語曰、然則夫支之所道者、必盡知天地之爲也、是也。

夫、猶彼也。禮記三年問曰、夫焉能相與羣居而不亂乎。

荀子禮論篇夫作彼。襄二十六年左傳曰：夫獨無族姻乎。楚語作彼。有公族甥舅。齊語曰：夫爲其君勤也。管子小匡篇夫作彼。哀二十五年左傳曰：彼好專利而妄。夫見君之入也，將先道焉。夫亦彼也。漢書賈誼傳曰：彼且爲我死，故吾得與之俱生；彼且爲我亡，故吾得與之俱存；夫將爲我危，故吾得與之皆安。顏注曰：夫猶彼人耳。是也。又大戴禮衞將軍文子篇：孔子稱澹臺滅明之行曰：獨貴獨富，君子恥之，夫也中之矣。禮記檀弓曰：夫由賜也見我。（夫猶彼也。皇侃曰：夫夫謂丈夫，失之。）文十三年左傳曰：請東人之能與夫二三有司言者。十四年曰：齊公子元不順懿

公之爲政也終不日公曰夫己氏宣二年曰夫其口衆
口寡襄二十六年曰夫不惡女乎三十一年曰使夫往
而學焉夫亦愈知治矣昭七年曰君以夫公孫段爲
能行其事十六年曰我皆有禮夫猶鄙我晉語曰夫無
乃以國故而行彊於君又曰夫豈惠其民而不惠於其
父乎又曰今夫以君爲紂鄭語曰夫其子孫必光啓土
楚語曰夫其有故又曰夫先自敗也已焉能敗人又曰
余善之夫乃其寧莊三十二年公羊傳曰夫何敢是將
爲亂乎夫何敢荀子解蔽篇曰不以夫一害此一夫皆
彼也

夫猶此也。禮記檀弓曰：夫夫也，爲習於禮者。鄭注曰：夫夫猶言此丈夫也。（夫夫，猶是夫也。檀弓曰：是夫也多言。）又曰：從母之夫，舅之妻，夫二人相爲服。（今本夫二人譌作二夫人，辯見經義述聞。）注曰：夫二人，猶言此二人也。祭義曰：忌日不用，非不祥也，言夫日志有所至，而不敢盡其私也。注曰：親以此日亡，其哀心如喪時。昭十六年左傳曰：且夫易不可以占險。杜注曰：夫易，猶此易、是也。又僖三十年左傳曰：微夫人之力不及此。成十六年曰：夫二人者，魯國社稷之臣也。襄二十六年曰：君淹恤在外十二年矣，而無憂色，亦無寬言，猶夫人也。（言猶然如此之人也。）魯語曰：鼈於何有，而使夫人怒也。晉語曰、且夫戰也、微郤至、王必不免、又曰、夫二子之德、其可忘乎、昭二十五年公羊傳曰、有夫不祥、論語先進篇曰、夫人不言、言必有中、孟子公孫丑篇曰、夫士也、亦無王命而私受之於子、夫皆此也、

夫、猶凡也、衆也、孝經疏引劉瓛曰、夫猶凡也、高誘淮南本經篇注曰、夫人、衆人也、書召誥曰、夫知保抱攜持厥婦子、正義曰、夫猶人人、言天下盡然也、顧命曰、思夫人自亂於威儀、正義曰、夫人衆國、各自治正於威儀、考工記曰、夫人而能爲鏄也、夫人、猶衆人也、鄭注以夫爲丈夫、失之、禮記祭統曰、上有大澤則民夫人待於下流、襄八年左傳曰、夫人愁痛、杜注曰、夫人、猶人人也、二十七年曰、且

吾因宋以守病、句則夫能致死、昭七年曰、紂爲天下逋逃主、萃淵藪、故夫致死焉、注曰、人欲致死討紂。哀十六年曰、民知不死、其亦夫有奮心、周語曰、夫人奉利而歸諸上、韋注曰、夫人、猶人人也。楚語曰、夫人作享、家爲巫史、皆是也。

夫、發聲也。周官司烜氏曰、掌以夫遂取明火於日、鄭司農曰、夫、發聲也。禮記少儀曰、加夫襓與劍焉、鄭注曰、夫、或爲煩、皆發聲。

經傳釋詞弟十

丁酉四月收於海上　炎黄記

經傳釋詞補

光緒戊子夏日

古黟何震題

長洲蔣鳳藻香生甫
校刊心矩齋中藏板

經傳釋詞補

惠安　孫經世　濟侯

庸

庸用是也猶言於是書臯陶謨帝庸作歌史記夏本紀作用此作歌

庸詞之遽也猶遂也書酒誥勿庸殺之禮記內則勿庸疾怨昭十二年左傳子大叔使其除徒執用以立而無庸毀楚辭抽思篇豈至今其庸亡漢書王式傳主人歌客毋庸歸皆是也

庸猶何也安也詎也詳釋詞管子大匡篇庸必能用之乎晏子問篇吾庸知乎又庸爲賢乎雜篇嬰獨庸能已乎

外篇庸可悲乎又庸知其能全身以事君乎列子周穆王篇汝庸知汝子之迷乎莊子天地篇其庸可得邪魏策所効者庸必得幸乎假之得幸庸必爲我用乎韓詩外傳二卷庸有罪乎又見新序節士篇春秋繁露滅國篇庸能親爾乎史記秦本紀庸知我國人不有以我情告鄭者乎晉世家庸可殺乎又庸可喜乎楚世家庸可絕乎又庸去是身乎孔子世家庸遲乎列女傳節義篇庸爲去是身乎新序雜事篇吾庸敢傲霸王乎又庸得進乎說苑建本篇庸知子用非爲是用是爲非乎桓子新論庸易知邪漢書息夫躬傳庸得往兮南粤王傳庸獨利乎皆是也庸與何同義故或稱庸何論衡變虛篇庸何能

動天庸亦何也庸與詎同義故或稱庸詎莊子大宗師篇庸詎知吾所謂天之非人乎又庸詎知吾所謂吾之乎淮南齊俗訓庸遽知世之所自窺我者乎遽詎詞新序節士篇吾庸遽受之乎庸亦詎也庸何庸詎連文古人自有複語耳庸猶將也昭五年左傳今此行也其庸有報志言將有報志也

一

一猶皆也本釋詞案楊倞註荀子勸學篇臣道篇君子篇並云一皆也總也書金縢乃卜三龜一習吉言皆習吉也大戴記虞戴德篇斂此三者而一舉之言皆舉之也晏子外篇公一歸七年之祿言總歸以七年之祿也又六韜立將篇社稷安危一

在將軍管子小匡篇此五子者夷吾一不如荀子禮論篇一足以爲人願呂氏春秋知度篇非一自行之也韓子揚權篇萬民一從賈子新書審微篇非以小善爲一足以利天下小不善爲一足以亂國家也修政語篇故大禹豈能一見而知之也豈能一聞而識之也匈奴篇一可以當天子之意淮南泰族訓聖人一以仁義爲之準繩春秋繁露楚莊王篇若一因前制修故業五行對篇名一歸於天陰陽義篇有其理而一用之與天同者大治史記曹相國世家一遵蕭何約束孟嘗君傳食客數千人無貴賤一與文等文蓋之字之誤太史公自序一斷於法鹽鐵論非鞅篇一取之民間能言篇一歸之於民白

虎通郊祀篇五帝三王祭天一用夏正此北堂書鈔所引郊祀篇文今白虎通本闕張衡疏宜收藏圖讖一禁絕之東觀漢記李恂傳一無所留一無所受諸一字並與皆同義一與皆同義故或以一皆連用修政語篇諸侯萬人而禹一皆知其體下文又云一皆知其國是也字或作壹信九年穀梁傳讀書加于牲上壹明天子之禁言皆以明天子之禁也禮記大學篇壹是皆以修身爲本言總之皆以修身爲本也是之也又管子地數篇然後天下之寶壹爲我用史記律書壹稟於六律漢書終軍傳壹用漢法以新改其俗車千秋傳政事壹決大將軍光霍光傳亦云政事壹決於光陳湯傳莫府事壹決於湯王吉傳政事壹聽之貢禹傳使百姓壹

歸於農毋將隆傳共養勞賜壹出少府楊雄傳壹槩諸聖諸壹字亦並與皆同義

一猶或也詳釋詞 昭十六年左傳一共一否爲罪滋大言或共或否也六韜兵道篇一合一離一聚一散奇兵篇一喜一怒一予一奪管子樞言篇一龍一蛇亦見淮南俶眞訓霸言篇令人主一喜一怒者謀也令國一輕一重者刑也內業篇一往一來度地篇一有水一毋水輕重乙篇使物一高一下子華子北宮子仕篇一則以之怵惕一則以之忌諱一則以之懲創孫子謀攻篇一勝一負吳子論將篇一坐一起應變篇一結其前一絕其後墨子耕柱篇一南一北一西一東莊子應帝王篇一以已爲

馬一以已爲牛田子方篇進退一成規一成矩從容一若龍一若虎荀子勸學篇一出焉一入焉（楊注或修身善或否）篇一進一退一左一右（案卽下文所謂或爲之或不爲之）王制篇小節一出焉一入焉王霸篇亦一若彼一若此也（楊註或求誠能之已或親比者之用）議兵篇諰諰然（諰漢書刑法志作鰓）常恐天下之一合而軋已也韓子解老篇夫物之一存一亡韓策吾固患韓之難知一從一橫（史記田敬仲世家韓作齊）燕策齊趙之交一合一離淮南齊俗訓此之謂一是一非也兵略訓一晦一明楊子法言君子篇一東一北論衡明雲篇然而一湛一旱治期篇五穀生地一豐一耗穀糴在市一貴一賤諸一字並與或同義字或作壹漢書揚雄傳壹從壹衡論

衡祀義篇壹祭壹否則神壹飢壹飽壹字亦並與或同義

一猶乃也（釋詞引高誘呂氏春秋知士篇註）列子說符篇伯樂喟然太息曰一至於此乎（亦見淮南道應篇）史記范睢傳范叔一寒至此哉魏其武安侯傳此一獄吏所決耳優孟傳寡人之過一至此乎諸一字並與乃同義字或作壹襄二十一年左傳今壹不免其身以棄社稷楚語今壹五六而必欲用之說苑尊賢篇士壹至如此乎漢書原涉傳尹君何壹魚肉涉也外戚傳今壹受詔如此諸壹字亦並與乃同義

一猶偶也（謂偶一如此）一忽也（謂忽然如此）成二年左傳蔡許之君

一失其位不得列於諸侯言偶一失其位也昭三年傳伯石之汰也一爲禮於晉猶荷其祿言偶一爲禮於晉也字或作壹史記高祖紀今置將不善壹敗塗地漢書作一言偶一破敗便肝腦塗地也成八年左傳七年之中一與一奪二三孰甚焉言忽與忽奪也公孫龍子跡府篇然而王一以爲臣一不以爲臣言忽以爲臣忽不以爲臣也

一猶一旦也秦策王一善楚而關內二萬乘之主注地於秦言一旦善楚便如此也

一猶甚也晏子春秋諫篇景公言翟王子羨之駕寡人甚說之又言寡人一樂之一樂卽甚說也互文耳莊子

大宗師篇囘一怪之言甚怪之也字或作壹大戴記小辨篇吾壹樂辨言言甚樂辨言也

一詞助也本釋詞或爲語中助若襄二十七年左傳匹夫一爲不信猶不可一爲爲也孟子梁惠王篇顚比死者一洗之洗一洗洗也淮南說林訓而又況一不信者乎一不信不信也是也

或爲發聲助若春秋繁露人副天數篇一何高物之甚而類於天也一何何也下同郊祭篇一何其不率由舊章之大甚也列女傳仁智篇一何不習禮也一何不達人情也新序雜事篇一不意人君如此也一不意不意也說苑尊賢篇一何悲也王褒洞簫賦一何壯上東觀漢記李通傳一何武也是也一爲發聲助故燕策此一何慶弔相隨之

速也史記蘇秦傳此一何只作是何字或作壹史記外戚世家壹何不自喜而倍本乎漢書董仲舒傳壹何不相逮之甚也東方朔傳壹何壯也諸壹字亦皆發聲助

乃

乃猶於是也本釋詞爰也若書皐陶謨乃歌乃賡載歌詩斯干乃安斯寢無羊牧人乃夢緜迺慰迺止釋詞云乃字或作迺俗作迺迺是也

乃猶而也本釋詞易萃初六有孚不終乃亂乃萃言而亂而萃也書康誥汝惟小子乃服惟宏王應保殷民言而服惟如此也顧命雖爾身在外乃心罔不在王室言而心則在王室也詩斯干乃寢乃興言乃寢而興也儀禮

大射儀大夫不拜乃飲言不拜而飲也註云乃猶而也禮記內則保受乃負之言受而負之也祭法亨嘗乃止言亨嘗而已也與下文祭子而止義同管子版法解虛氣平心乃去怒喜言而去怒喜也弟子職既食乃飽言食而飽也吳子圖國篇吉乃後舉史記楚世家五讓乃後許爲王韓非傳乃後申其辯知焉乃後皆謂而後也乃與而同義故二字可以互用若禮記文王世子文王九十七乃終武王九十三而終是也二字又可以通用若文王九十七乃終論衡氣壽篇乃作而僖十五年左傳而以興戎列女傳賢明篇而作乃是也

乃急詞也本釋詞若呂氏春秋制樂篇無幾何疾乃止長

也

乃猶則也本釋詞　若易萃六二孚乃利用禴又見升九二　困彖傳尚口乃窮也書康誥時乃不可殺立政茲乃三宅無義民禮記曲禮不勝喪乃比於不慈不孝祭法無禱乃止隱十一年左傳我死乃亟去之宣四年傳椒也知政乃速行矣襄二十一年傳子爲彼欒氏乃亦子之勇也哀十六年傳得死乃非我鄭語同盡乃棄矣管子地員篇其木乃樠其木乃柳弟子職先生若作乃興而辭淮南說林訓乃其能游者非手足者矣漢書董仲舒傳王者末作樂之時迺用先王之樂宜於世者而以深入教化於民皆是也乃與則同義故二字可以互用若班固

西都賦東郊則有通溝大漕云云西郊則有上囿禁苑云云其中乃有九真之麟云云是也二字又可以連用若荀子彊國篇楚人則乃有襄賁開陽以臨吾左是也

乃猶卽也荀子王霸篇以夫千歲之法自持者是乃千歲之信士矣言是卽千歲之信士也淮南說林訓見象牙乃知其大於牛見虎尾乃知其大於狸言卽知之也史記吳世家苟先君無廢祀民人無廢主社稷有奉乃吾君也言卽吾君也

乃猶其也本釋詞書皐陶謨帝愼乃在位又愼乃憲又屢省乃成盤庚由乃在位又汝不謀長以思乃災康誥用康乃心顧乃德遠乃猷裕猷裕連讀本經義述聞詩大田既備乃

事周禮小宰各修乃職攷乃瀆待乃事越語乃必有偶乃必其必也春秋繁露王道通三篇使乃好惡喜怒未嘗差也皆是也

乃猶方也裁也本釋詞僅也易渙象傳王乃在中也言方在中也書立政乃有室大競言方有室大競也韓詩外傳十吾乃始壯耳言方始壯也賈子新書親疏危亂篇乃啓其口匕首已陷於胸矣言方啓其口也春秋繁露必仁且智篇國家之失乃始萌芽言方始萌芽也漢書賈誼傳故遁孩提有識言方孩提有識也又谷永傳諸侯大者乃食數縣言裁食數縣也乃與裁同義故或以乃纔互文纔即裁也若楊雄傳列宿乃施於上榮兮日月纔

經於柍桭是也又或以乃纔連文若賈子新書藩彊篇長沙乃纔二萬五千戶耳是也又荀子彊國篇湯武也者乃能使說已者使耳言僅能使說已者爲之使也史記項籍紀至東城乃有二十八騎韓長孺傳安國壁乃有七百餘人皆謂僅有此數也漢書枚乘傳然其所止乃百步之內耳言僅百步之內也

乃猶若也本釋詞書金縢乃元孫不若旦多材多藝不能事鬼神言若元孫也費誓乃越逐不復汝則有常刑言若越逐不復也

乃不料之詞若莊子外物篇君乃言此史記趙世家然趙氏眞孤乃反在新序節上篇無反字是也

乃猶故也易小畜象傳健而巽剛中而志行乃亨大過
彖傳利有攸往乃亨皆謂故亨也
乃猶因也昭十二年公羊傳我乃知之矣史記直不疑
傳我乃無兄淮南衡山王傳乃自古記之矣漢書司馬
遷傳迺有不得已也王尊傳尊乃當伏觀闕之誅放於
無人之域乃字並與因同義
乃猶實也書多方爾乃惟逸惟頗言實惟逸惟頗也晉
語雖其慢也其或乃易殘也言實易殘也孟子梁惠王篇
夫我乃行之言我實行之也
乃必然之詞書皋陶謨乃言曰載采采康誥時乃大明
服管子牧民篇國乃滅亡淮南精神訓沸乃不止皆謂

必如此也

乃猶竟也昭十三年左傳子產聞其末張也使速往乃無所張矣言竟無所張也

乃猶亦也賈子新書親疎危亂篇多者百餘城少者乃三四十縣言少者亦三四十縣也

乃猶又也易隨上六拘係之乃從維之言又從而維之也

乃發語詞若書甘誓乃召六卿盤庚乃敗禍姦宄洛誥乃惟孺子立政乃惟庶習逸德之人晏子雜篇乃此則老且惡韓子五蠹篇乃倉頡固以知之矣史記楚世家乃圖周則無之范睢傳乃內固其威而外重其權秦策無乃

字說苑善說篇乃今者周之來云云漢書車千秋傳迺何樂之聽皆是也

乃若亦發語詞本釋詞若孟子離婁篇乃若所憂則有之是也

乃語中助也書康誥惟乃丕顯考文王言惟顯考文王也丕亦語助儀禮士冠禮永乃保之言永保之也少牢饋食禮吉則乃遂宿尸言則遂宿尸也與下若不吉則遂改筮尸反對秦策王乃是也乃是是也趙策天下之卿相人臣乃至布衣之士乃至至也史記蘇秦傳乃至作及書大傳咎繇謨篇及乃鳥獸咸變于前及乃鳥獸及鳥獸也史記曹相國世家朕乃安敢望先帝乎乃安敢安敢也漢書賈山傳又迺況

於縱欲恣行暴虐惡聞其過乎又迺況又況也乃皆語助耳

爾

爾狀事之詞與然同義本釋詞若禮記檀弓從從爾扈扈爾縱縱爾折折爾之類是也

爾比事之詞亦與然同義若荀子非相篇葉公子高入據楚誅白公定楚國如反手爾是也

爾猶而已也詳釋詞論語唯謹爾言唯謹而已也荀子榮辱篇是其爲相縣也幾直夫芻豢稻粱之縣糟糠爾哉言非直如此而已也鹽鐵論論功篇其以强爲弱以存爲亡一朝爾也言但須一朝而已也中韓篇大河之始

耳猶也也莊子大宗師篇今一犯人之身而曰人耳人耳言曰人也人也也荀子正論篇豈特元之耳哉耳哉也哉也耳與也同義故史記匈奴傳不備苦惡則侯秋孰以騎馳蹂而稼穡耳漢書耳作也

耳猶乎也禮記曾子問豈大功耳言豈但大功乎也何必小功耳言何必小功乎也史記越世家寡人雖不德耳言寡人雖不德乎也與燕策寡人雖不不肖乎文法一例

耳助句之詞本禮記玉藻疏孟子梁惠王篇盡心焉耳矣言盡心焉矣也列子天瑞篇有焉耳言有焉也莊子人間世篇止是耳矣言止是矣也耳皆語助耳

縱　從

縱雖也詩子衿縱我不往是也字亦省作從宣二年左傳從其有皮丹漆若何言縱或有皮也

縱猶既也禮記檀弓吾縱生無益於人吾可以死害於人乎哉言既生無益於人也莊十四年左傳吾一婦人而事二夫縱弗能死其又奚言言既弗能死也文六年傳今縱無法以遺後嗣而又收其良以死難以在上矣言既無法以遺後嗣也襄二十七年傳縱無大討而又求賞無厭之甚也言既無大討也晉語縱不能討又免其受盟者晉何以爲盟主矣言既不能討也又墨子貴義篇縱不說而行又從而非毀之史記孝文帝紀今縱不能博求天下賢聖有德之人而禪天下焉而曰豫建

太子是重吾不德也又今縱不能罷邊屯戍而又飭兵厚衞張儀傳今縱弗忍殺之又聽其邪說不可汲黯傳陛下縱不能得匈奴之資以謝天下又以微文殺無知者五百餘人漢書師丹傳臣縱不能明陳大義復曾不能牢讓爵位縱字竝與既同義

能

能豈能也若昭元年左傳憂能無至乎周語王能久乎論語子罕篇能無從乎憲問篇愛之能勿勞乎是也

能猶足也禮記祭義安能爲孝乎言安足爲孝也成二年左傳克於先大夫無能爲役言不足爲役也論語子張篇焉能爲有焉能爲亡言不足爲有亡也能與足同

義故二字可以互用若淮南俶眞訓目觀玉輅琬象之狀耳聽白雪淸角之聲不能以亂其神登千仞之谿臨蝯眩之岸不足以滑其和是也又史記吳王濞傳諸侯之地不足爲漢郡什二漢書足作能亦能足同義之證

淮南修務訓注曰能猶及也禮記王制不能五十里者言未及五十里也孟子集註訓不能爲不足義得兩通文十八年左傳堯不能舉言堯未及舉也堯不能去言堯未及去也論語公冶長篇未之能行言未及行也又管子輕重甲篇未能用千金輕重丁篇行令未能一歲史記絳侯世家前日吾詔列侯就國或未能行田儋傳形容尙未能敗扁鵲傳其死未能半日也漢書劉向傳今出善令未能踰

時而反用賢未能三旬而退霍光傳調校尉以來未能十日以上所言未能皆謂未及也又秦策散不能三千金趙策其地不能千里燕策於是不能朞年千里馬之至者三書大傳康誥篇周公將作禮樂優游之三年不能作史記淮南王安傳方今大王之兵衆不能十分吳楚之一論衡儒增篇至不能十國藝增篇宣王以至外族內屬血脈所連不能千億又夫星霣或時至地或時不能以上所言不能亦皆謂未及也

能猶可也管子七法篇故不明于敵人之政不能加也不明于敵人之情不可約也能亦可也互文耳

能猶得也僖二十二年左傳焉能怨諸侯之不睦言焉

得怨諸侯之不睦也

能猶乃也詳釋詞淮南詮言篇遇者能遭於時而得之也

言乃遭於時而得之也

能語助也說苑尊賢篇去之滿把飛不能爲之益卑益

之滿把飛不能爲之益高不能爲之益卑益高卽韓詩

外傳之不爲加高加下也文選司馬遷報任少卿書夫

僕與李陵俱居門下素非能相善也非能相善卽漢書

本傳之非相善也能並語助耳又春秋繁露堯舜湯武

篇畜能至湯武而然邪亦以能爲語助

將

將未至詞也本詩魚藻序疏甫始詞也本漢書兒寬傳注釋詞引論衡

知實篇曰將者且也將爲方且之且亦爲尙且之且禮記儒行猶將不忘百姓之病也荀子富國篇由將不足以免也由猶同正論篇猶將無益也皆謂尙且如此也

將猶其也詳釋詞僖五年左傳神所馮依將在德矣言其在德矣也成二年傳晉將可乎言晉其可乎也襄二十八年傳將得死乎言其得死乎也又昭三年傳將得已乎又寵將來乎晉語貳將可乎說苑臣術篇將何以至此乎將字竝與其同義

將猶抑也詳釋詞韓詩外傳六卷將皆背上之毛腹下之毳邪八卷將必學而後爲君子乎春秋繁露堯舜湯武篇將有所伐乎史記孟嘗君傳將受命於戶邪鹽鐵論

刺復篇將多飾文誣能以亂實邪刑德篇將執法者過邪楊子法言先知篇將先春而後秋乎漢書文帝紀將百官之奉養或費無用之事或多與武帝紀將百姓所安殊路而撟虔吏因乘埶以侵蒸庶邪成帝紀將舉者未得其人也董仲舒傳將所繇異術所聞殊方與武五子傳將實有也終軍傳將幸誅不加欲以采名也于定國傳將從東方來者加增之也貢禹傳將在位者與生殊乎京房傳將以爲賢也谷永傳將動心冀爲後者殘賊不仁若廣陵昌邑由類龔遂傳將安之也匈奴傳將從使者所求也王莽傳將以骨肉故欲異之也又將當遂行其賞遣歸就第也敘傳將承運迭興在於一人也

論衡感虛篇將洪水變大不可以聲服除也問孔篇將服而自咎也又將使之王復中悔之也答佞篇將有師學檢也亂龍篇將精神之氣動木四也又將匈奴敬鬼精神在木也死僞篇將謂伯有無罪而人冤之也又將死後悄如意善呂后之殺也定賢篇亡將東郡適當復亂而壽王之治偶逢其時也亡發聲張衡西京賦將能之而不欲與東觀漢記卓茂傳將平居恩意遺之乎郅惲傳將爲許巢而去堯舜也以上將字義皆同抑有連壘用之者若莊子至樂篇將子有亡國之事斧鉞之誅而爲此乎將子有不善之行愧遺父母妻子之醜而爲此乎將子有凍餒之患而爲此乎將子之春秋故及此乎

將字亦竝與抑同義

將猶殆也漢書張馮汲鄭傳贊彼將有激云爾言彼殆有激也

將必然之詞也孟子滕文公篇將爲君子焉將爲野人焉趙注爲有也言必有君子野人也將爲必然之詞故呂氏春秋重言篇是鳥雖無飛飛將沖天雖無鳴鳴將駭人新序雜事二將竝作必

將猶以也荀子王霸篇安之者必將道也言必以道也又莊二十一年左傳鄭伯將王自圉門入將字義亦同以如昭十二年傳公孫傁以以齊侯出之以

將猶若也昭二十七年左傳令尹將必來辱爲惠已甚

言若必來辱也

將猶在也荀子非相篇亦將志乎爾言在乎志也

將猶爲也呂氏春秋誠廉篇吾聞西方有偏伯焉似將有道者言似爲有道者也

將猶謂也孟子滕文公篇使民盻盻然將終歲勤動不得以養其父母又稱貸而益之使老稚轉乎溝壑言使民盻盻然謂其如此也

將猶與也偕也說苑辨物篇賜欲知死人有知將無知也言有知與無知也漢書施讎傳迺遣子臨分將門人張禹等從讎問言遣子臨分與門人張禹等也桓九年左傳楚子使道朔將巴客以聘於鄧言與巴客偕也淮

南子人間訓其馬將胡駿馬而歸言與胡駿馬偕也
將詞也本文選甘泉賦注所引韓詩章句或爲發語詞書微子將食無
災言食焉無災也墨子尚賢篇將在於衆賢而已言在
於衆賢而已也將可得而衆也言可得而衆也將豈能
親其上哉言豈能親其上也荀子性惡篇將皆失喪其
性故也言皆失喪其性故也將並發聲耳或爲語中助
詞論語子罕篇固天縱之將聖言天縱之聖也論衡知實篇謂
不言已聖言且聖者以爲孔子聖未就也謬甚墨子尚賢篇必將富之貴之敬
之譽之荀子富國篇故必將撞大鐘擊鳴鼓吹竽笙彈
琴瑟以塞其耳又必將雅文辯慧之君子也又必將脩
禮以齊朝正法以齊官平政以齊民性惡篇枸木必將

侍隱括烝矯然後直者又必將求賢師而事之擇良友而友之必將云云皆謂必云云也漢書食貨志豈將有及乎言豈有及也將竝詞助耳

者

者猶也也也詞見釋禮記喪服小記違葬者比反哭者皆冠言比反哭也也大戴記保傅篇比及三月者言比及三月也也是不能正君者言是不能正君也也漢書江充傳誠不欲上聞之以教勅亡素者言誠不欲上聞之謂教勅無素也也者與也同義故二字可以互用若韓子外儲說左篇故羣臣士民之道言者迂宏其行身也離世論衡辯祟篇然則人之生也情氣育也人之死者命

窮絕也是也
者猶矣也莊四年公羊傳古者有明天子則紀侯必誅
之無紀者言必無紀矣也
者猶諸也者與諸一聲之轉故二字可以互訓詩采綠維魴及鱮薄言觀
者言薄言觀諸也諸之也漢書燕刺王傳其者寡人之不
及與言其諸寡人之不及與也猶其諸異乎人之求之其諸

諸

諸之也釋詞引士昏禮記注禮記文王世子教之以事而喻諸德
者也郊特牲而流示之禽而鹽諸利定元年左傳縱子
忘之山川鬼神其忘諸乎孟子公孫丑篇王庶幾改之
王如改諸則必反予諸亦之也互文耳故禮記檀弓小

子識之論衡遭虎篇之作諸論語子路篇吾其與聞之
鹽鐵論刺議篇之作諸
諸於也釋詞引鄉射禮注　禮記中庸施諸已而不願亦勿施於
人晉語不逞於齊必發諸晉諸亦於也互文耳故孟子
告子篇必形諸外說苑雜言篇諸作於形於外與上有諸內又以諸於
互文
諸之於也禮記檀弓兄弟吾哭諸廟言哭之於廟也宣
二年左傳寘諸橐以與之言寘之於橐也襄十一年傳
乃盟諸僖閎言盟之於僖閎也昭二十七年傳寘諸門
言寘之於門也定十二年傳敗諸姑蔑言敗之於姑蔑
也哀元年傳而邑諸綸言邑之於綸也魯語行諸國人

言行之於國人也又配虞胡公而封諸陳言封之於陳也論語陽貨篇遇諸塗言遇之於塗也諸義與之於同故或以諸與之于互用之于即之於若周禮士師一曰誓用之于軍旅二曰誥用之于會同三曰禁用諸田役四曰糾用諸國中五曰憲用諸都鄙成八年左傳言晉侯使韓穿來言汶陽之田歸之于齊又言令有二命曰歸諸齊定十三年傳言吾舍諸晉陽言而寘諸晉陽又曰而歸之于晉陽皆是也或以諸與之於通用若齊語輕過而移諸甲兵管子小匡篇諸作之於是也

小爾雅廣訓曰諸之乎也釋詞云急言之曰諸徐言之曰之乎若昭二十一年左傳盍及其勞且未定也伐諸二十六年傳無乃

亢諸定五年傳其又爲諸哀六年傳盡及其末作也先諸又天其天諸論語子罕篇韞匵而藏諸求善賈而沽諸先進篇子路問聞斯行諸顏淵篇吾得而食諸子路篇人其舍諸孟子梁惠王篇毀諸滕文公篇則使齊人傳諸使楚人傳諸莊子應帝王篇人孰敢不聽而化諸新序雜事一可以示諸楊子法言吾子篇焉得而正諸又惡覩乎聖而折諸先知篇惡得一日而正諸皆是也

諸猶其也若春秋繁露王道篇絕諸本而已矣本或脫本字非是也諸之訓其猶於之訓其也

諸猶凡也莊子至樂篇諸子所言言凡子所言也春秋繁露五行對篇諸父所爲言凡父所爲也五行之義篇

諸授之者言凡授之者也陽尊陰卑篇諸在上者言凡在上者也

其諸擬議之詞見釋詞其字下若宣十五年公羊傳其諸則宜於此焉變矣是也

諸猶者也諸與者一聲之轉故者可訓爲諸諸亦可訓爲者大戴記小閒篇列五王之德煩煩如繁諸乎言煩煩如繁者也

諸語助也儀禮鄉飲酒禮若有諸公大夫言若有公大夫也僖二年公羊傳其諸侍御有不在側者與言其侍御有不在側者也其抑也諸並語助耳

非

非，不也。釋詞引服虔漢書注。禮記檀弓非刀匕是供也。呂氏春秋謹聽篇今夫惑者非知反性命之情，其次非知觀於五帝三王之所以成也。非知皆謂不知也。韓子外儲說左篇非可不誅也，非可不可也。非卽爲不，故二字可以互用。若淮南脩務訓故美人者非必西施之種，通士者不必孔墨之類是也。二字又可以通用，若荀子宥坐篇芷蘭生于深林，非以無人而不芳。家語在厄篇非作不是也。

非不，不可也。若韓子外儲說左篇嬰兒非與戲也是也。

非，猶無也。孟子梁惠王篇無非事者，言無無事也。集註云皆無有無事而空行者。管子小稱篇人情非不愛其子也。亦見呂氏春秋知接篇言無不愛也（下非不愛同）賈子新書耳痺篇死而非補言無補也史記孝文帝紀非乃朕德薄而教不明與非乃無乃也東方朔有非有先生論非有亦謂無有也非與無同義故管子非不愛其子韓子難一非作莫（莫即無也）

非發聲也若春秋繁露竹林篇春秋之序辭也置王於春正之閒非曰上奉天施而下正人然後可以爲王也云爾是也（舊注謂非猶言豈非未是）非之爲發聲猶不與無之爲發聲也

未

儀禮鄉射禮注曰未猶不也易象傳未富也言不動心於富也書秦誓惟古之謀人則曰未就予忌言以不就

子忌之也管子禁藏篇布帛麻絲旁入奇利未在其中言不在其中也楚辭招魂篇身服義而未沬言不沬也韓詩外傳十未以位爲樂也言不以位爲樂也說苑善說篇前雖有乘軒之賞未爲之動也後雖有斧質之威未爲之恐也未爲不爲也論衡宣漢篇今瑞未必同於古古瑞未必合於今未必不必也死僞篇未皆不瞑也言不皆不瞑也未與不同義故二字可以互用若墨子天志篇云庶人竭力從事未得次已而爲政又云庶人不得次已而爲正莊子人閒世篇云故不終其天年又云故未終其天年及漢書谷永傳未邮政事不愼舉錯是也二字又可以通用若趙策未如鄒魯之僕妾也史

記魯仲連傳未作不又若荀子子道篇意者身不敬與韓詩外傳九不作未身未敬與下色不順辭不遜又以未不互文史記韓固生傳不爲不知味漢書不爲作未爲未爲不知味與下不爲愚又以未不互文皆是也

未猶無也秦策而未能復戰也注云未无也禮記大學論語學而篇孟子梁惠王篇公孫丑篇告子篇竝曰未之有也大學未之有與下文無之語意同皆謂無之有也即荀子正名篇之無之有也論語季氏篇孟子公孫丑篇竝曰未也未字與上文亦有異聞有字勸齊伐燕有諸有字反對皆謂無其事也漢書賈誼傳行義未過言無過也

未猶非也韓子說難篇故彌子之行未變於初也言非變於初也漢書文帝紀夫度田非益寡而計民未加益

未亦非也互文耳

未語助也周語曰而亦未觀夫前哲令德之則言亦觀夫前哲令德之則也未語助耳未之爲語助猶不之爲語助也

經傳釋詞補

經傳釋詞再補

光緒乙酉長洲蔣氏校刻

蘇州護龍街

適存廬藏板

經傳釋詞補

惠安　孫經世　濟侯

而

而因上起下之詞或上下一意而用爲聯屬此類觸處皆是亦有連疊用之者若考工記㡛氏湅其灰而盝之而揮之而沃之而盝之而塗之而宿之之類或上下兩意而用爲過遞若易蒙彖傳險而止小畜彖傳健而巽成二年左傳成公之孌也而中行伯之季弟也又甥舅之國也而大師之後也昭二十年傳齊豹之盜而孟縶之賊周語引書民可近也而不可上也晉語皆晉祥也而天之大紀也論語雍也篇不有祝鮀之佞而有宋朝之美是也或上承而意歸重在下此類亦觸處皆是或下注而意仍重在上若易恆彖傳聖人久於其道而天下化成家人彖傳父父子子兄兄弟弟夫夫婦婦而家道正解彖傳天地解而雷雨作論語雍也篇仁者先難而後獲是也語勢各別其爲因上起下則一也

而詞之轉也若易文言不見是而无悶又貴而无位又
至柔而動也剛之類是也有稱然而者若禮記三年問
然而服以是斷之者昭十四年穀梁傳然而致孟子公
孫丑篇然而不勝者滕文公篇然而夷子葬其親厚盡
心篇然而旱乾水溢又然而無有乎爾管子侈靡篇然
而不治積之市內業篇然而不反此生之忒七臣七主
篇然而爲之者明法解篇然而不敢者又然而令不行
禁不止所欲不得者國蓄篇然而民有饑餓不食者又
然而人事不及用不足者輕重甲篇然而有餓餒於衢
閭者又然而民有賣子者晏子諫篇然而用馬數倍又
然而不死又然而不敢者外篇然而不敢亂者文子行

已篇然而戰戰慄慄日愼一日子華子晏子治阿篇然
而人主不之察也墨子七患篇然而無凍餓之民者又
然而皆滅亡於百里之君者尙賢篇然而不得富而得
貧不得衆而得寡不得治而得亂又然而不識以尙賢
爲政其國家百姓又然而使天下之爲寇亂盜賊者周
流天下無所重足者天志篇然而莫知以相戒極也非
命篇然而今天下之士君子或以命爲有益貴義篇然
而不爲魯問篇然而人徒多死六畜不蕃身湛於病又
然而反王莊子德充符篇然而不中者大宗師篇然而
至此極者胠篋篇然而田成子一旦殺齊君而盜其國
天運篇然而不可者惠子楊喻篇然而不勝一人者尹

文子大道篇然而弗酬公孫龍子跡府篇然而王一以爲臣一不以爲臣鶡冠子環流篇然而世有困君荀子脩身篇然而君子不辨然而君子不行然而跛鼈致之六驥不致不苟篇然而君子不貴者榮辱篇然而人力爲此而寡爲彼又然而食不敢有酒肉然而衣不敢有絲帛非相篇然而身死國亡爲天下大僇後世言惡則必稽焉又然而中君羞以爲臣中父羞以爲子中兄羞以爲弟中人羞以爲友又然而仁人不能推知士不能明又然而君子啜其羹食其胾又然而不好言不樂言儒效篇然而通乎財萬物養百姓之經紀又然而人謂之富又然而不知惡者又然而明不能別然而明不能

齊王霸篇然而國焉有千歲之固（焉然也）君道篇然而求卿相輔佐則獨不若是其公也又然而用之者議兵篇然而兵殆於垂沙唐蔑死莊蹻起楚分而爲三四又然而秦師至而鄢郢舉若振槁然彊國篇然而不剝脫不砥厲然而不教誨不調一正論篇然而不材不中又然而朱象獨不化又然而不鬭者然而不憚鬭者又然而說不免於以至治爲至亂也解蔽篇然而不知正名篇然而人有從生成死者性惡篇然而曾騫孝己獨厚於孝之實而全於孝之名者又然而於父子之義夫婦之別不如齊魯之孝具敬父者（楊注父當爲文）又然而皆不可積又然而不相爲者子道篇然而無孝之名呂氏春秋勸

學篇然而人君人親不得其所欲人子人臣不得其所願長攻篇然而後世稱之勿躬篇然而使二十官盡其巧畢其能舉難篇然而名號顯榮者長利篇然而辭爲諸侯者行論篇然而燕之使者獨死博志篇然而名不大立利不及世者韓子初見秦篇然而甲兵頓士民病蓄積索田疇荒囷倉虛四鄰諸侯不服霸王之名不成「亦見秦策」說難篇然而甚者爲戮薄者見疑和氏篇然而枝解吳起而車裂商君者飾邪篇然而恃之內儲說篇然而婦人拾蠶漁者握鱣外儲說左篇然而秦強而未帝者外儲說右篇然而驅之不前卻之不止左之不左右之不右又然而有百金之馬而無一金之鹿者難三篇

然而能爲五霸冠者問辯篇然而不可謂善射者說疑篇然而明主不羞其卑賤也又然而子噲身死國亡奪於子之而天下笑之顯學篇然而世皆乘車射禽者忠孝篇然而功名不成霸王不立者制分篇然而楚輕事失者齊策然而天下獨歸咎於齊者又然而甚於相趨者又然而智伯卒身死國亡爲天下笑者又然而國遂亡君臣於齊者楚策然而不免奪死者趙策然而秦不敢舉兵甲而伐趙者又然而不以環寸之蹯害七尺之軀者又然而王不待工而與建信君魏策然而可得幷者又然而不勝一人者又然而所以爲之者又然而茲公爲從韓策然而春秋用兵者又然而吾弗爲云者燕

策然而不免爲笑者又然而山東不知相索皆以上所稱然而皆以而字作轉語（然如是也不與而字連）而反言之詞也若禮記大學其本亂而末治者否矣其家不可教而能教人者無之之類是也有稱然而者若孟子梁惠王篇然而不王者（亦見公孫丑篇告子篇）告子篇然而不亡者荀子解蔽篇然而猶有能分是非曲直者邪呂氏春秋適威篇然而國不亡者諸而字竝反言之詞（然亦訓如是）

而又然之詞也若論語學而篇學而時習之是也有稱然而者若禮記喪服四制然而曰言不文者魏策然而無與壘秦鄰之禍而字竝又然之詞（然亦訓如是）

而辨異之詞也若論語爲政篇君子周而不比小人比而不周之類是也

而猶如也詳釋詞　禮記樂記總干而山立言如山立也荀子議兵篇和傳而一言如一也春秋繁露深察名號篇性而瞑之未覺言如瞑之未覺也邯鄲淳孫叔敖碑貪吏而不可爲而可爲廉吏而可爲而不可爲言貪吏如不可爲廉吏如可爲也又周禮州長若國作民而師田行役之事言如師田行役之事也如概舉詞也　又論衡順鼓篇而何救止言如何救止也如柰也　又荀子正名篇假而得問而嗛之言假如得問而嗛之也如設若詞也下同　呂氏春秋舉難篇而固賢者也言如固賢者也韓非子人主篇

而使虎豹失其爪牙言如使虎豹失其爪牙也而與如同義故論語述而篇富而可求如不可求論衡四諱篇如以宅神不欲西益而以宅神惡煩擾皆以而如互用又論語富而可求史記伯夷傳作富貴如可求如不可求說苑立節篇作富而不可求陽貨篇如有用我者說苑至公篇如作而又大戴記保傅篇引鄙語如視已事釋詞云如與當同義賈子新書如作而皆而如同義之證

而猶若也若與如古同聲故而訓爲如又訓爲若詳釋詞大戴記四代篇君而後此言君若後此也襄九年左傳鄭國而不唯晉命是聽而或有異志者鄭國而不唯有禮與彊可以庇民者是從而敢有異志者皆言若不云

云也定十三年傳而寘諸晉陽言若寘諸晉陽也論語述而篇君而知禮言君若知禮也又管子任法篇而失君則不然墨子魯問篇籍當作藉下同而以爲得一升粟藉而藉若也籍設而天下不知耕藉設而藉設若也呂氏春秋知化篇而身死國亡東周策而有變趙策而言勿與史記楚世家而河非所獲罪也信陵君傳而諸侯敢救者鹽鐵論遵道篇而必隨古不革襲故不改漢書游俠傳吾而效子而字竝與若同義而與若同義故昭二十年左傳古而無死則古之樂古若無死爽鳩氏之樂定十年傳饗而既具是棄禮也若其不具用秕稗也孟子萬章篇而主癰疽與侍人瘠環趙注云若主此二人是無義無命若孔子主

癰疽與侍人瘠環何以爲孔子皆以而若互用又大戴記衞將軍文子篇而商也其可爲不險也家語弟子行篇而作若亦而若同義之證

而猶然也見釋詞 大戴記夏小正傳曰若蟄而言若蟄然也史記日者傳曰忽而自失言忽然自失也而與然同義故然後謂之而後儀禮聘禮記注云而後猶然後也 孟子離婁篇夫人必自侮然後人侮之家必自毀而後人毀之荀子堯問篇士至而後見物見物然後知其是非之所在而後亦然後也互文耳又孟子萬章篇夫然後之中國踐天子位焉史記五帝紀然後作而後莊子刻意篇澹然無極一本然作而見釋文 皆而然同義之證

而猶乃也詳釋詞易遯彖傳曰遯而亨也言遯乃亨也小過彖傳曰小者過而亨也言小者過乃亨也禮記曲禮四十曰强而仕七十曰老而傳言乃仕乃傳也檀弓朋友之墓有宿草而不哭焉言乃不哭也子路有姊之喪可以除之矣而弗除也言乃弗除也而曰女何無罪與言乃曰女無罪與也既曰明器矣而又實之言乃有實之也而曰不可言乃曰不可也禮運而弗儆也言乃弗儆也內則大夫七十而有閣言乃有閣也作而自問之言乃自問之也喪服小記三年而后葬者必再祭其祭之間不同時而除喪言乃除喪也士妾有子而爲之緦言乃爲之緦也丈夫冠而不爲殤婦人笄而不爲殤言

乃不爲殤也（以上三而字亦可訓則）喪大記禫而從御吉祭而復寢言乃從御乃復寢也又大戴記曾子天圓篇而禮樂仁義之祖也又而善否治亂所與作也勸學篇長而異俗者又而善假於物也用兵篇而校以衞厥身者也少閒篇君而財之隱三年左傳而速之莊三十二年傳而以夫人言成二年傳而鞏伯實來襄九年傳隨而無咎十四年傳而罪我諸戎二十四年傳而謂子浚我以生乎二十八年傳吾將使馹奔問諸晉而以告三十年傳兄弟而及此又而相從也昭三年傳則畏執事其謂寡君而固有外心六年傳而則人之辟乎十一年傳而將用之十五年傳叔氏而忘諸乎（漢書五行志而作其其亦乃也）十九年

傳曾大夫而專制其位二十年傳將作亂而謂之云云二十七年傳而自福也又子而不圖三十一年傳而終身慙乎又今而日食定四年傳而不獲是分也哀六年傳而背之也十六年傳死而誅之又而又掩面以絕民望周語王而弁之而下而蔑而棄而弱而虐同又而班先王之大物以賞私德又而叔父使士季實來脩舊德以獎王室又王而飾之晉語而使大人怒也晉語子而棄之又比其知之而來楚語而又謗我吳語上帝鬼神而不可以告隱七年穀梁傳國而日伐僖二年傳國而曰城成二年傳於是而與之盟論語雍也篇斯人也而有斯疾也季氏篇而謀動干戈於邦內陽貨篇孔子時其亡也而往拜

之孟子公孫丑篇而獨於富貴之中有私龍斷焉滕文公篇而不得食於子離婁篇道在爾而求諸遠事在易而求諸難又我不意子學古之道而以餔啜也萬章篇而以其官召之也告子篇有放心而不知求盡心篇而不答管子乘馬篇百而當一九而當一宙合篇而無所不順而無所不得兵法篇然而所以輔王成霸大臣篇五十而取一二歲而稅一問篇而萬人之所和而利也老子四十八章無爲而無不爲王注乃無所不爲也傅奕本而作則則亦乃也晏子問篇今得見而羨乎所聞雜篇可立而以聞又吾三年爲人臣僕而莫吾知也子華子問篇而聖人之所寶也墨子節葬篇必扶而能起杖而能行公輸篇而曰

吾知所以距子矣莊子德充符篇子而悅子之執政而
後人者也列禦寇篇而汝不能使人無保汝也尸子貴
言篇而不知德也公孫龍子跡府篇而法之所非也荀
子不苟篇而政事之本也又而禹桀所以分也富國篇
將以求富而喪其國將以求利而危其身王霸篇而禮
法之大分也而禮法之樞要也法行篇無刑已至而呼
天呂氏春秋當務篇已而爲妻而生紂義賞篇賞而爲
首不屈篇施而治農夫者也離俗覽篇而自投於蒼領
之淵長利篇臣而今而後知吾先君之不若太公望封
之知也知分篇而不得不然之數也行論篇而事齊者
又是視魁而賢於先君開春論而以告犀首求人篇而

君人者而不求任地篇而穫大麥又而樹麻與菽又而從事於蓄藏齊策而責士以所重事君賈子新書六術篇必六而備淮南子原道篇而爭其得時也齊俗篇而湯武之所以爲治氾論篇而悔不殺湯於夏臺而悔不誅文王於羑里說林篇而我之利而我之害人間篇患生而救之春秋繁露深察名號篇卵待覆而爲雛繭待繅而爲絲性待教而爲善史記五帝紀而試之工師又而卒授舜以天下周紀後而崩秦紀而自娶之呂后紀足下何爲者而入楚世家卜而河爲祟吳世家爾而忘句踐殺汝父乎伍子胥傳往而令讐不得報耳孟嘗君傳而敢生之李斯傳而有所聞於韓子也淮陰侯傳而

大驚以爲漢皆已得趙王將矣周昌傳而不遺趙王何劉敬傳而形勢弱也鹽鐵論制田二百四十步而一畝執務篇而人不思之耳申韓篇待周公而爲相列女傳母儀篇今而廢之賢明篇死而邪之又唯斯人也而有斯婦說苑臣術篇予至而人臣也善說篇待吾邑粟之來而獻之又子而不知說叢篇聖王臨天下而能一之雜言篇三折肱而成良醫又譬之猶渴而穿井辨物篇若此而可謂成人修文篇而律之本也反質篇師聞賁者吉卦而嘆之乎漢書律厤志而民所受以生也食貨志而直爲此廩廩也韓信傳而斬壯士楚元王傳今而忽之劉向傳而號曰云云又而聖人所以斷疑也賈誼

傳覽德煇而下之東方朔傳後而自改陳湯傳夫胡兵五而當漢兵一又然猶三而當一蕭望之傳今而伐之王嘉傳今而有此大饑論衡氣壽篇而人各有稟受也雷虛篇然後而爲雷亂龍篇而天然之也死僞篇而爲之張朝定賢篇小而易見說文貝部周而有泉東觀漢記宋宏傳而令朝廷耽悅鄭聲郇悉傳驃騎辟君而來以上而字並與乃同義而與乃同義故二字可以互用若鹽鐵論申韓篇夫衣小鈌襟裂可以補而必待全匹而易之政小鈌法令可以坊而必待雅頌乃治之是也又春秋宣八年庚寅日中而克葬論衡譏日篇而作乃趙策而行所欲史記豫讓傳而作乃史記袁盎傳丞相

良久而見之閩越王傳終滅國而止漢書而竝作乃馮唐傳而搏髀漢書作迺拊髀迺乃也郎大戴記夏小正篇匽之興五日翕望乃伏傳乃作而史記趙世家乃二人謀取他人嬰兒負之衣以文葆匿山中新序節士篇乃作而皆而乃同義之證

而猶則也詳釋詞書洪範而邦其昌言則邦其昌也禮記禮器紀散而衆亂言則衆亂也祭統下而管象也冠義尊重事而不敢擅重事言則不敢擅重事也管鄉飲酒義彼國安而天下安言則天下安也又昭三年左傳幸而得死二十六年傳君而繼之襄二十六年傳多而能亡二十七年傳幸而後亡定四年傳所謂臣義

而行哀十五年傳令大夫曰死而棄之晉語奔而易達困而有資又衛而在討越語浹日而令大夫朝之莊四年穀梁傳不復讐而怨不釋論語學而篇本立而道生里仁篇見不賢而內自省也孟子滕文公篇其有功於子可食而食之矣管子立政篇譙敬而勿復宙合篇順而令行政成霸形篇所欲至而至焉乘馬數篇穀重而萬物輕穀輕而萬物重輕重甲篇至湯而不然輕重丁篇如此而有二十齊之故晏子雜篇出言而非也孫子地形篇盈而勿從不盈而從之又戰而不利九地篇合於利而動不合於利而止亦見火攻篇火攻篇可從而從之不可從而止莊子逍遙遊篇而控於地而已矣在宥篇

同於己而欲之異於己而不欲者天運篇中無主而不止外無正而不行知北遊篇道不可聞聞而非也道不可見見而非也荀子王制篇欲王而王欲霸而霸富國篇今之世而不然王霸篇義立而王信立而霸又綦同基定而國定國定而天下定又綦之而亡又粹而王駮而霸君道篇偏立而亂俱立而治又愛民而安好士而榮二句亦見彊國篇彊國篇隆禮尊賢而王重法愛民而霸亦見天論篇大略篇正名篇故可道而從之不可道而離之性惡篇飢而欲飽寒而欲煖又故富而不願財貴而不願勢呂氏春秋當務篇有妻之子而不可置妾之子適威篇徵召公虎而絕無後嗣壹行篇夫白而白黑而黑說苑瓦質篇作白當

正白黑當正黑愼小篇不得賞而已韓非子外儲說右篇夫馬似鹿者而題之千金東周策周恐假之而惡於韓不假而惡於秦秦策一戰不勝而無齊齊策夫鳥同翼者而聚居獸同足者而俱行淮南子本經訓本立而道行本傷而道廢說林訓太山之高背而弗見泰族訓至誠而能動化矣春秋繁露楚莊王篇得大數而治失大數而亂陽尊陰卑篇節之而順止之而亂天道施篇非禮而不言史記秦紀於晉而得矣越世家而身與之布齊悼惠王世家而大王高皇帝適長孫也伍子胥傳不成而亨廉頗藺相如傳使城入趙而璧留秦列女傳孽嬖篇日亡而我亡說苑尊賢篇人主騎人而亡其國漢書卜

式傳如此而匈奴可滅也論衡本性篇習善而爲善習惡而爲惡也變動篇夫人不能動地而亦不能動天又墨子法儀篇然而天何欲何惡者也非攻篇然而何爲爲之荀子仲尼篇然而仲尼之門人五尺之豎子言羞稱乎五霸是何也禮論篇然而不法禮不足禮謂之無方之民法禮足禮謂之有方之士論衡定賢篇然而治國之吏未必賢於不能治國者以上而字竝與則同義而與則同義故禮記禮運刑肅而俗敝則法無常法無常而禮無列人戴記保傳篇夫教得而左右正左右正案三字疑衍賈誼新書及漢書皆無之則天子正矣天子正而天下定矣曾子制言篇昔者禹見耕者五耦而式過十室之邑則

下六韜勵軍篇聞金聲而怒聞鼓聲而喜聞金聲則怒
聞鼓聲則喜管子乘馬篇爵位正而民不怨民不怨則
不亂重令篇民毋自爲用則戰不勝戰不勝而守不固
法法篇上妄予則功臣怨功臣怨而愚民操事於妄作
禁藏篇能節宮室適車輿以實藏則國必富位必尊能
適衣服去玩好以奉本而用必贍身必安矣山至數篇
械器不奉而諸侯之皮幣不衣倉廩虛則傳賤無祿晏
子雜篇湛之苦酒則君子不近庶人不佩湛之糜醢而
賈匹馬矣又德厚而受祿德薄則辭祿外篇見賢而進
之不同君所欲見不善則廢之不辟君所愛吳子應變
篇麾左而左麾右而右鼓之則進金之則止司馬法義

法篇事極修則百官給矣教極省而民興良矣商子算地篇飢而求食勞而求佚苦則索樂辱則求榮尹文子大道篇故失治而任法失法則任兵荀子王霸篇國者巨用之則大小用之則小綦大而王綦小而亡君道篇君者儀也儀正而景正君者盤也盤圓而水圓君者盂也盂方而水方君射則臣決宥坐篇孔子曰吾聞宥坐之器者虛則敧中則正滿則覆弟子挹水而注之中而正滿而覆虛而敧呂氏春秋振亂篇非攻伐而取救守取救守則鄉之所謂長有道而息無道賞有義而伐不義之術不行矣韓子解老篇人有欲則計會亂計會亂而有欲甚有欲甚則邪心勝又憂則疾生疾生而智慧

衰智慧衰則失度量五藎篇失天下則國危國危而主卑齊策坐而織蕢立則杖插韓詩外傳四卷是以動而形危靜則名辱賈子新書審微篇登高而望臨流則窺淮南天文訓春夏則羣獸除日至而麋鹿解主術訓吞舟之魚蕩而失水則制於螻蟻猨狖失木而擒於狐狸道應訓物盛而衰樂極則悲兵畧篇夫射儀度不得則格的不中驥一節不用而千里不至說山訓水濁而魚噞形勞則神亂齊俗訓仁義立而道德遷矣禮樂飾則純樸散矣春秋繁露同類相動篇鼓其宮則他宮應之鼓其商而他商應之史記平準書是以物盛則衰時極而轉鹽鐵論誅秦篇脣亡則齒寒支體傷而心憯怛漢

書武帝紀夫仁行而從善義立則俗易外戚傳色衰而愛弛愛弛則恩絶論衡宣漢篇百姓安而陰陽和陰陽和則萬物育對作篇實虛之分定而華僞之文滅華僞之文滅則純誠之化日以孳矣皆以而則互用又荀子性惡篇然則仁義法正有可知可能之理然而塗之人也皆有可以知仁義法正之質皆有可以能仁義法正之具春秋繁露王道通三篇然而主好惡喜怒據下文主亦當作人主乃天之春夏秋冬也然則人主之好惡喜怒乃天之煖清寒暑也皆以然而然則互用又荀子中而正滿而覆虛而攲韓詩外傳三卷說苑敬慎篇而竝作則上二句家語三恕篇淮南道應訓而竝作則堯問篇深抇之而得甘泉焉樹之

而五穀蓄焉說苑臣術篇作種之則五穀生焉掘之則甘泉出焉齊策坐而織蕢說苑指武篇而作則春秋繁露山川頌篇咸得之而生失之而死說苑雜言篇而作則又僖三年公羊傳脣亡則齒寒穀梁傳及墨子非攻篇韓子存韓篇齊策趙策新序善謀篇竝同韓子喻老篇淮南人間訓則竝作而莊子胠篋篇脣竭則齒寒呂氏春秋權勳篇淮南說林訓則竝作而論語子路篇則民無所措手足漢書薛宣傳則作而而與上則至於刑罰不中則字互用呂氏春秋大樂篇終則復始亦見風俗通五霸篇又書大傳甘誓篇云周則又始春秋繁露三代改制篇漢書翼奉傳則竝作而而與下窮則反本則字互用魏策趙不南則魏不北史記張儀傳則作而而與上則趙不有下則從道絕則字互用書大傳咎繇謨篇立則磬折春秋繁露五行相

生篇則作而而與下則枹鼓則字互用皆而則同義之證

而猶即也即與則古通用而可訓爲則故亦可訓爲即禮記檀弓君即位而爲椑言即位即爲椑也大戴記保傳篇故鳳凰生而有仁義之意虎狼生而有貪戾之心言生即有其意有其心也成王有知而選太公爲師周公爲傳言即選之爲師傅也曾子立事篇太上不生惡其次而能夙絕之也言惡念生即能夙絕之也勸學篇非蚼䱇之穴而無所寄託者言非此即無所寄託也昭廿六年左傳生而有頿言生即有頿也哀七年傳秋而背之言秋即背之也荀子禮論篇人生而有欲性惡篇生而有好利焉皆言生即有其心也法行篇夫君子豈多而賤之少而貴之

哉言多即賤之少即貴之也楚策凡天下强國非秦而楚非楚而秦言非秦即楚非楚即秦也韓策五穀所生非麥而豆言非麥即豆也史記張儀傳作非菽而麥義同賈子新書時變篇善書而爲吏耳言善書即爲吏也脩政語篇緣道者之辭而與爲道已言即與爲道也淮南說林訓石生而堅蘭生而芳言生即堅即芳也鹽鐵論未通篇五十六而免言五十六即免也漢書天文志非賊而盜也言非賊即盜也五行志魚去水而死言去水即死也賈誼傳死而死耳言死即死耳也又論衡明雩篇夫雩古而有之講端篇儒者自謂見鳳皇騏驎輒而知之實知篇其三四歲時而受納人言矣潛夫論愼微篇湯武非一

善而王桀紂非一惡而亡也而字竝與卽同義

而猶以也詳釋詞禮記哀公問固臣敢無辭而對言敢無辭以對也墨子尙同篇何以知尙同一義之可而爲政於天下也言可以爲政於天下也兼愛篇自古之及今生民而來言生民以來也非命篇凡出言談由文學之爲道也則不可而不先立義法言不可以不先立義法也荀子彊國篇故自四五萬而往者言自四五萬以往也楊注而往猶已上也正論篇引傳危人而自安害人而自利言危害人以自安利也呂氏春秋功名篇有仁人在焉不可而不此務有賢主不可而不此事言不可以不務此事此也又別類篇匠人無辭而對淮南氾論訓饗高大

者而銫爲上牲春秋繁露五行五事篇而王者所修而治民也史記龜策傳如何可而適乎漢書劉向傳命而傳朕論衡亂龍篇夫土虎不能而致風土龍安能而致雨而字竝與以同義而與以同義故周禮大行人春朝諸侯而圖天下之事秋覲以比邦國之功禮記玉藻天子玉藻十有二旒前後邃延龍卷以祭元端而朝日於東門之外聽朔於南門之外皮弁以日視朝元端而居魏策有河山以闌之有周韓而閒之淮南本經訓疏川而爲利築城而爲固拘獸以爲畜又燎木以爲炭燔草而爲灰春秋繁露玉英篇而有避也亦以有避也以有本或作有以誤官制象天篇故八十一元士爲二十七慎以持二

十七大夫二十七大夫爲九傎而持九卿史記蘇秦傳秦攻楚齊魏各出銳師以佐之秦攻韓魏齊出銳師而佐之又韓子外儲說右篇上云有術而御之也下云無術以御之皆以而以互用又大戴記勸學篇輮而爲輪荀子而作以孟子滕文公篇由周而來論衡刺孟篇而作以鄧析子轉辭篇爲之斗斛而量之莊子胠篋篇而作以魏策有周韓而間之史記魏世家而作以史記高祖紀割鴻溝而西者爲漢鴻溝而東者爲楚漢書而竝作以史記項籍紀上而字亦作以與下句而字互用又孟子萬章篇假道於虞以伐虢韓子喻老篇以作而韓策與之卽無地以給之趙策及新序善謀篇以竝作而皆而以同義之證

而猶與也（見釋詞）昭二十五年左傳哀樂而樂哀皆喪心也言哀樂與樂哀也尸子勸學篇夫昆吾之金而銖父之錫（錫當從太平御覽雜物部引作鐵）言昆吾之金與銖父之鐵也韓子外儲說左篇以頄且之𥇛而駙子韓樞之巧言頄且之𥇛與韓樞之巧也趙策然則買馬善而若惡皆無危補於國言買馬善與惡也（若亦與也言而又言若古人自有複語耳）賈子新書脩政語篇明君而君子言明君與君子也淮南覽冥訓故蒲且子之連鳥於百仞之上而詹何之鶩魚於大淵之中言蒲且子之連鳥與詹何之鶩魚也史記司馬相如傳章君之惡而傷私義二者無一而可言章公惡與傷私義也而與與同義故二字可以互用若春秋繁

露深察名號篇名之爲言鳴與命也號之爲言謞而效
也是也又韓子內儲說篇云其患在豎牛之餓叔孫而
江乙（本或作乞）之說荆俗也又云其說在董子之行石邑與
子產之教游吉也亦以而與互用
而猶或也楚語曰縱臣而得以其首領以沒言或得如
是也韓詩外傳十卷爲宗廟而不血食邪言或不血食
也而與或同義故史記外戚世家既驩合矣或不成子
姓能成子姓矣或不能要其終漢書下或字作而（而與上或字互用亦而或同義之證）
而猶甯也魯語陷而入於恭韋注如有過失甯近於恭
也

而猶此也而有若義故又與若同訓爲此莊子列禦寇篇如而夫者言如此人也

而猶其也禮記月令以固而閉言以固其閉也管子問篇毋使讒人亂普而德言亂普其德也墨子親士篇皆於其國抑而大醜也言抑其大醜也

而猶且也考工記廬人而無已又以害人言且不止此也孟子萬章篇千乘之君求與之友而不可得也言且不可得也尸子明堂篇夫禽獸之愚而不可妄致也言且不可妄致也淮南人閒訓夫麑而不忍言且不忍也

而與且同義故列子說符篇水且猶可以忠信誠身親之說苑雜言篇作水而尚可以忠信義久而身親之

廣雅釋詁曰而詞也或爲句絕之詞本漢書韋賢傳注若荀子王霸篇則身有何勞而爲楊注而爲皆語助案爲葢衍字太玄經因次五礥而閑而拔我𢇛而歛次六閔而緜而作太玄而積次七魁而顏而玉帛班而失次三卒而從而卹而竦而劇次七麃而羊而戴禍顏而漢書禮樂志靈褱平而是也或爲發聲之詞若禮記玉藻凡於尊者有獻而弗敢以聞言弗敢以聞也莊子天運篇而故惑也言故惑也淮南氾論訓而有大譽無疵其小故言有大譽也史記司馬相如傳而來過我言來過我也而字無義故漢書無之是也或爲句中詞助若書顧命其能而亂四方以敬忌天威而亂亂也禮記禮運盜竊亂賊而不作而不作不作也淮南墬形訓萬物之生而各異類而各各也

大戴記易本命篇生作性無而字道應訓盛肯而遠至此而遠至此遠至此也漢書楊雄傳厥高慶讀羌而不可虖疆度而不可不可也是也

如

如猶然也本釋詞若易屯六二乘馬班如上六泣血漣如小畜九五有孚攣如賁六四賁如皤如上如字助詞白馬翰如離九四突如其來如下如字助詞禮記玉藻受一爵而色洒如也史記司馬相如傳天下晏如也楊子法言吾子篇白紛如也又孟子辭而闢之廓如也淵騫篇見其貌者肅如也是也

如詞助也本釋詞若易大有六五厥孚交如威如吉賁九三賁如濡如離九四焚如死如棄如晉初六晉如摧如

六二晉如愁如萃六三萃如嗟如論語子路篇蓋闕如也楊子大玄應初一六幹羅如五子離如飾次六言無追如漢書敘傳榮如辱如是也

如猶而也詳釋詞　若詩常武如震如怒箋云而震雷其聲而勃怒其色大戴記夏小正傳如不記其鄉小間篇煩煩如繁諸乎公孫龍子白馬論有馬如已耳如已而已也韓子五蠹篇皆就安利如辟危窮春秋繁露竹林篇如挑與之戰玉英篇爲如安性平心者堯舜湯武篇如法則之仁義法篇如春秋美之陽尊陰卑篇十如更始五行相勝篇不順如叛五行順逆篇漉陂如魚郊語篇奈何如廢郊禮循天之道篇如此物獨生論衡刺孟篇仲子之怪鵝如吐之

者皆是也又大戴記禮察篇然如曰禮云禮云又然如湯武能廣大其德云云保傅篇然如所以能申意至於此者然如皆謂然而也然如是也鹽鐵論禁耕篇不在朐邴如何也說苑至公篇非子如何論衡說日篇非天如何實知篇非神如何如何皆謂而何也如與而同義故二字可以互用若大戴記保傅篇帝入東學上親而貴仁則親疏有序如恩相及矣帝入南學上齒而貴信則長幼有差如民不誣矣帝入西學上賢而貴德則聖知在位而功不匱矣帝入北學上貴而尊爵則貴賤有等而下不踰矣又夫殷周所以長久者其已事可知也然如不能從是不法聖知也秦世所以亟絶者其轍迹可見

也然而不辭者是前車覆而後車必覆是也二字又可以通用若詩如震如怒一本如竝作而詞本釋大戴記然如曰禮云禮云然如湯武能廣大其德漢書賈誼傳如竝作而如恩相及矣如民不誣矣然如不能從賈子新書保傅篇如竝作而同漢書然如所以能中意至於此者新書胎教篇如作而襄十九年公羊傳此受命乎君而伐齊白虎通三軍篇引而作如孝經高而不危滿而不溢漢修堯廟碑而竝作如孟子盡心篇而何其血之流杵也論衡語增篇引而作如皆是也

如猶乃也詞本釋乃與如聲相近故如訓爲而亦訓爲乃論語微子篇何而德之衰也此據漢石經莊子人間世篇何

而作何如何如卽何而其義之爲何乃一耳

如猶或也論語先進篇如五六十言或更小而五六十也本朱子集註如會同言或有事會同也會同非每歲常行之禮故言或漢書劉向傳欲以傾移主上如忽然用之言覬其或忽然用之也

如猶則也本釋詞風俗通窮通篇心戰則癯道勝如肥如亦則也互文耳

如猶於也本釋詞晏子外篇有臣而强無甚如湯有兄弟而强無甚如桀言無過於湯無過於桀也史記越世家至如少弟者淮陰侯傳至如信者汲黯傳至如說丞相宏至如皆謂至於也春秋繁露楚莊王篇昭公雖逢此

時苟不取同姓詎至於是雖取同姓能用孔子自輔亦不至如是如是亦於是也互文耳

如猶爲也史記鄭世家今得國舍之何如信陵君傳今單車來代之何如哉何如皆謂何爲也如之訓爲猶爲之訓如也

如如何也卽柰何 列子仲尼篇其如天下與來世矣言其如天下來世何也莊子人間世篇民其無如矣言其無如之何也如何而謂之如猶之奈何而謂之柰也見釋詞柰字下

如何如也漢書翟方進傳欲令都尉自送則如勿收邪言何如勿收也何如而謂之如猶之不如而謂之如也

若

若如也釋詞引攷工記梓人注有連用若如者若管子侈靡篇沮平氣之陽若如辭靜是也

若猶柰也本釋詞有連用柰若者若史記項籍紀虞兮虞兮柰若何是也

若轉語詞也若隱公元年左傳若弗與三年傳若猶未也周語若壅其山孟子公孫丑篇若於齊之類是也

若乃亦轉語詞若趙策若乃梁則吾乃梁人也先生惡能使梁助之邪是也

若發語詞也若定四年左傳若聞蔡將先衞信乎墨子兼愛篇若我先從事乎愛利人之親然後人報我愛利

吾親乎是也又書堯典曰若稽古又見皋陶謨召誥越若來三月逸周書世俘篇越若來二月漢書律曆志引武成粵若來三月若與曰越粵皆發語詞

若夫亦轉語詞又發語詞若孟子離婁篇若夫君子所患告子篇若夫爲不善皆轉語詞也若大戴記禮察篇若夫慶賞以勸善刑罰以懲惡管子侈靡篇若夫教者皆發語詞也亦有連用若夫而一爲發語詞一爲轉語詞者若史記田敬仲世家若夫語五音之紀信未有如夫子者也若夫治國家而弭人民又何爲乎絲桐之間是也

若猶苟也若隱四年左傳君若伐鄭以除君害又若朝

陳使請是也

若猶或也本釋詞不定詞也本周禮內小臣縣師旅師稍人疏儀禮士冠禮士相見禮鄉飲酒禮燕禮疏儀禮大射儀若賓若長又若丹若墨聘禮若昭若穆公食大夫禮鼏若束若編又若九若十有一既夕若九若七若五記若醴若酒哀十七年左傳請君若太子來管子白心篇若左若右莊子人間世篇凡事若小若大荀子君道篇雖若存秦策為帝若未能魏策若萬戶之都賈子新書脩政語若賤若貴若幼若老史記晉世家若早自殺郭解傳若遇赦竄策傳此褚氏所補若為枯旱漢書天文志若已去而復還居之又若有大喪外戚傳數召入飾中若台論衡談天篇若非而無以奪諸

若字義皆同或又儀禮鄉射禮大夫若有遵者又賓主人大夫若皆與射又若有東面者又若中又若有餘算又若右勝若左勝又若有奇者若左右鈞又若大夫之耦不勝又若無大夫記若有諸公又若飲君如燕昭十二年左傳若因禍以斃之若不廢君命定元年傳若從踐士若從宋晉語若欲奉元以濟若欲暴虐以離百姓反易民常吳語若越既改若其不改又吳王若慍而又戰若不戰而結成莊子人間世篇事若不成事若成諸若字皆不定之詞

若干數不定之詞本儀禮鄉射禮疏若漢書食貨志百加若干顏注若干且設數之言也賈誼傳令齊趙楚各爲若干國顏注若干豫設數也

是也

若擬議詞也若漢書五行志天戒若曰夫人不可以奉宗廟又故天災若語陛下云云楊雄傳若曰此非人力之所爲黨鬼神可也是也

若猶然也狀事之詞本釋詞　若大戴記曾子制言篇國有道則突若入焉國無道則突若出焉據盧注突字說文作𠫓字之譌玉部遠而望之奐若也近而視之瑟若也是也史記司馬相如傳愀然改容超若自失若亦然也互文耳

猶若猶然也本釋詞　若呂氏春秋知士篇猶若弗取知度篇舜禹猶若困應言篇大王猶若弗養愛類篇猶若爲仁皆是也

若如故之詞猶言依然也若晉語怨若怨焉是也有稱自若者若秦策織自若史記秦始皇紀雍州之地殺函之固自若也之類於義亦同

若猶焉也若賈子新書階級篇則苟若而可是也漢書賈誼傳集注云若猶然然亦焉也

若如此也釋詞引史記禮書正義儀禮士昏禮記若則有常言如此乃有常也或依鄭注訓若爲汝言汝其有常於義亦通墨子兼愛篇即若其利也言如此其利也荀子王霸篇出若入若言出如此入如此也論衡對作篇世間書傳多若等類言多如此等類也

若猶此也詳釋詞管子侈靡篇吾不欲與汝及若言不欲

與汝言及此也晏子諫篇而猶出若言問篇公曷爲出若言皆謂此言也（外篇子何必患若言而教寡人乎荀子王霸篇君人者亦可以察若言矣呂氏春秋貴直論故出若言竝同）又說若道謂之惑行若道謂之狂謂此道也（墨子尙同篇若道之謂也同）墨子尙同篇上以若人爲善謂此人也兼愛篇姑嘗本原若衆害之所自生謂此衆害也姑嘗本原若衆利之所自生謂此衆利也明鬼篇以若書之說觀之謂此書也莊子外物篇任公子得若魚謂此魚也燕策秦王聞若說也史記余尙惡聞若說皆謂此說也（論衡自然篇以若說論之同）說苑善說篇論若三子之行謂此三子也若與此同義故二字可以互用若晏子雜篇云此三言者又云公旣行若三言是也二字又可以

連用若晏子雜篇若此三言者說苑奉使篇當若此時又管子山至數篇此若言何謂也又見地數篇輕重甲篇乙篇丁篇輕重甲篇此若言可得聞乎墨子曾問篇此若言之謂也皆是也

若猶及也與也本釋詞若儀禮士喪禮記朔月若薦新士虞禮記鉶芼用苦若薇亦見特牲饋食禮記禮記內則切葱若薤又取豚若將注云將當爲牂又以醯若醷醢玉藻則稱謚若字喪服小記其夫若子主之少儀其以乘壺酒束脩一犬賜人若獻人祭義容以達若容以自反也昭十七年左傳其以丙子若壬午作乎六韜陰符篇諸奉使行符稽留者若符事泄告者荀子大略篇君若父之友食之呂

氏春秋首時篇重帷而見其衣若手史記高祖紀諸將以萬人若以一郡降者漢興以來諸侯年表非劉氏而王者若無功上所不置而侯者灌夫傳願取吳王若將軍頭龜策傳灼以荆若剛木又卜有賣若買臣妾牛馬漢書惠帝紀民年七十以上若不滿十歲有罪當刑者文帝紀丞若尉致武帝紀爲復子若孫平帝紀亡子而有孫若子同產子者食貨志時有軍役若遭水旱兩龔傳其上子若孫若同產同產子一人張禹傳禹見時有變異若上體不安論衡問孔篇不曰前言戲若非而不可行刺孟篇令不曰已無功若已致仕受室非理講瑞篇亦當言其色白若黑治期篇吏百石以上若升食以

下四諱篇必託之神怪若設以死亡讖日篇舉事若病死災患東觀漢記朱勃傳其以縣見穀二千石賜勃子若孫是也史記儒林傳其不事學若下材及不能通一蓺漢書天文志其下有軍及失地若國君喪若亦及也又史記淮南王傳以令名男子若振女與百工之事論衡變虛篇如何可移於將相若歲與國民乎說日篇云如屋上人在東危若西危上又云猶人在東危與西危也若亦與也皆互文耳又楚世家賓之南海若以臣妾賜諸侯鄭世家若作及亦若及同義之證

若猶及也至也本釋詞若周禮大司樂若樂六變若樂八變逸周書世俘篇若翼日丁巳漢書曆律志引書武成

若翌日癸巳若字與下文粵五日甲子粵六日庚戌粵五日乙卯粵字皆訓爲及是也

若概舉之詞若論衡藝增篇若穿胷儋耳焦僥跋踵之輩是也

若猶其也本釋詞吳語王若今起師以會言其卽起師以會也今卽也墨子尚賢篇雖日夜相接以治若官言治其官也又問於若國之士言其國之士也天志篇今人處若家得罪今人處若國得罪言處其家其國也呂氏春秋貴直論已不用若言言不用其言也論衡刺孟篇避若兄之宅吐若兄之祿實知篇若母匿之言其兄其母也

若而也釋詞引顧懽老子注若莊子人間世密若無言是也

若乃也（釋詞引小爾雅）書召誥民若有功言乃有功也莊子齊物論篇若不釋然言乃不釋然也山木篇吾若取之言乃取之也呂氏春秋節葬篇若慈親孝子者之所不辭爲也言乃慈親孝子所不辭爲也漢書天文志若女之憂言乃女之憂也

若猶則也（釋詞本）史記優孟傳我死汝必貧困若往見優孟言我孫叔敖之子也論衡刺孟篇有王者若爲王臣矣若字並與則同義

若猶且也昭十三年左傳若入於大都而乞師於諸侯又若亡於諸侯以聽大國之圖君也皆謂姑且如此也史記楚世家若並作且是其證

若猶當也宣十七年左傳吾若善逆彼以懷來者言吾當如此也晏子雜篇弛刑罰若死者刑若刑者罰若罰者免謂當死當刑當罰者也

若猶抑也漢書外戚傳寧自殺邪若外家也言抑外家也論衡儒增篇此時或扣頭薦百里奚世空言其死若或扣頭而死世空言其首碎也言抑或如此也

然

釋詞引范注太玄務測曰然猶是也書秦誓雖則云然言雖如是也（云如也則語助）莊子則陽篇若然者言如是人也荀子堯問篇然故士至（據楊注亦見尚書大傳）言是故士至也（楊註然士亦以禮貌之故而至失之）史記司馬相如傳然無異端言是無異

端也

釋詞引禮記大傳註曰然如是也有稱然而者禮記文王世子然而衆知父子之道矣然而衆著於君臣之義也三年問然而從之然而遂之晉語然而又生男孟子公孫丑篇然而文王猶方百里起管子國蓄篇然而人君不能治然而人君不能調墨子非攻篇然而又與其車馬之罷獘也貴義篇然而民聽不鈞莊子秋水篇然而指我則勝我鰌我亦勝我釋文鰌本亦作蹭荀子榮辱篇然而窮年累世不知不足楊註當爲不知足非相篇然而不折傷儒效篇然而周公北面而朝之富國篇然而主相不知惡也君道篇然而應薄扞患足以持社稷臣道篇然而

巧敏佞說善取寵乎上呂氏春秋應言篇然而視之蝺焉美無所可用以上所稱然而皆以然字作如是解（然字一讀不與而字連）

釋詞引廣雅曰然譍也禮記檀弓公曰然晏子雜篇公曰然外篇晏子曰然呂氏春秋君守篇鄙人曰然韓詩外傳五孔子曰然淮南道應訓輪扁曰然史記吳王濞傳王曰然有之（漢書無然字）諸然字皆爲應詞

然而詞之轉也（見釋詞）若論語子張篇然而未仁孟子萬章篇然而軻也嘗聞其略也是也

然比事之詞（本釋詞）若禮記雜記其待之也若待諸侯然其他如奔喪禮然祭義如見親之所愛如欲色然如懼

不及愛然是也
然猶焉也詳釋詞 書盤庚予丕克羞爾用懷爾然言予愛克羞爾以懷爾焉也 論語憲問篇俱不得其死然孟子公孫丑篇今言王若易然又宜與夫禮若不相似然又木若以美然滕文公篇不見諸侯宜若小然盡心篇勿視其巍巍然莊子徐無鬼篇奚惑然爲爲語助 荀子解蔽篇身爲刑戮然而不知說苑奉使篇臣不敢剖然論衡超奇篇或出金玉然然字並與焉同義又詩山有扶蘇序所美非美然常武序因以爲戒然詩魚麗傳鳥獸魚鼈皆得其所然韓詩外傳一莫能以已之皭皭容人之混汚然然字亦並與焉同義然與焉同義故二字可以通用若秦策

有頃焉人又曰曾參殺人新序雜事二作頃然一人又來告之是也

然猶而也見釋詞 管子心術篇然莫知其極正世篇然民淫躁行私而不從制飾智任詐負力而爭七臣七主篇然彊敵發而起輕重丁篇然欲國之無貧兵之無窮晏子雜篇然子之意自以爲足又然猶恐其侈靡而不顧其行也墨子所染篇然國逾危身逾辱尉繚子天官篇然不能取者制談篇然不能濟功名者荀子王制篇然君子剝而用之王霸篇然常欲人之有韓子難二然爲湯武與田常未可知也韓詩外傳八然其聲名馳於後世陸賈新語無爲篇然天下治又然失之者資質篇然

身不用於世者又然在尊位之重者又然虞公不聽者
賈子新書過秦篇然所以不敢盡忠拂過者史記項籍
紀然今卒困於此又然羽非有尺寸乘勢云云蕭相國
世家然蕭何常從關中遣軍補其處留侯世家然卒破
楚者陳丞相世家然終不得又然平竟自脫絳侯世家
然既已貴如負言又何說餓死梁孝王世家然會漢家
隆盛百姓殷富管晏傳然孔子小之淮南王安傳然尚
流血千里汲黯傳然黯見蚡未嘗拜漢書無然字優旃傳然
合於大道鹽鐵論通有篇然百姓匱之財用不足伐功
篇然匈奴久未服者說苑貴德篇然乃爲之然乃犯之
漢書禮樂志然德化未流洽者英布傳然陛下謂何腐

儒劉歆傳然孝宣皇帝猶復廣立穀梁春秋梁邱易大小夏侯尚書田叔傳然孟舒自髡鉗隨張王以身死之鼂錯傳然功力不遲者枚乘傳然秦卒禽六國滅其社稷而并天下韓安國傳然匈奴侵盜不已者董仲舒傳今子大夫褎然爲舉首言進而爲舉首也平當傳然風俗未和陰陽未調災害數見李尋傳然猶不生者焉奉世傳然卒死於非罪不能自免王莽傳然猶有計策不審過徵之累又然猶皆蒙邱山之賞又然曾不得蒙青等之厚王符潛夫論述赦篇然才何以爲茂諸然字並與而同義然與而同義故二字可以互用若齊策不嫁則不嫁然嫁過畢矣不宦則然矣而富過畢矣淮南主術訓禹

決江疏河以爲天下興利而不能使水西流稷辟土墾草以爲百姓力農然不能使禾冬生是也二字又可以通用列子說符篇然卒取亡焉呂氏春秋愼大覽然作而秦策而三人疑之新序雜事二而作然漢書敘傳雖移盈然不忒文選作雖移易而不忒是也

然且而且也見釋詞孟子告子篇然且不可然且仁者不爲子華子北宮子仕篇然且大倫斁敗人紀消亡北宮意問篇然且日月星辰衡陳於上墨子兼愛篇然且不憚以身爲犧牲以祠說于上帝鬼神節葬篇然且猶尙有節天志篇然且親戚兄弟所知識其相儆戒又然且父以戒子兄以戒弟莊子馬蹄篇然且世世稱之曰伯

樂善治馬而陶匠善治木山木篇然且不免於罔羅機辟之患荀子榮辱篇然且爲之亦見正名篇大畧篇及韓詩外傳六呂氏春秋恃君覽然且猶裁萬物制禽獸服狡蟲寒暑燥溼弗能害趙策然且欲行天子之禮於鄒魯之臣不果納書大傳甫刑篇然且曰吾意者以不平慮之乎吾意者以不和平之乎韓詩外傳一然且弗舍賈子新書修政語篇然且大禹其猶大恐史記蘇秦傳然且王行之者燕策作而足下行之說苑正諫篇然且至而死矣又然且未敢諫也皆是也

然猶乃也詳釋詞詩君子偕老胡然而天也言胡乃如天乎也而猶如也也猶乎也小戎胡然我念之言胡乃使我念之也

正月胡然厲矣言胡乃厲乎也矣猶乎也墨子公孟篇然號而不止莊子徐無鬼篇今也然有世俗之償焉又然身食肉而終荀子王霸篇然九合諸侯一匡天下爲五霸長哀公篇然猶求馬不已楚辭九辯然中路而迷惑兮又然惆悵而自悲又然怊悵而無冀又然霠本或作曀霠誤而莫達又然潢洋而不可帶又然潢洋而不遇兮七諫然蕪穢而險戲又然輡軻而留滯又然怊悵而自悲哀時命然隱憫而不達兮又然欿切而永歎魏策然爲政不善而湯武伐之燕策然不免於笞韓詩外傳三然得志行乎中國若合符節外傳七然至酒酸而不售外傳八然見之陸賈新語資質篇然隱伏於嵩廬之下而不

錄於世賈子新書過秦篇然困於嶮岨而不能進者淮南紀論訓然不自免於車裂之患史記秦始皇紀然見我常身自下我伍子胥傳然今若聽諛臣言以殺長者淮陰侯傳然竟以勝又然得脫輒倍約復擊項王陸賈傳然漢王起巴蜀鞭笞天下刼畧諸侯遂誅項羽滅之五年之間海內平定李將軍傳然無尺寸之功以得封邑者公孫宏傳然爲布被又然今日庭詰宏主父偃傳然起窮巷奮棘矜偏袒大呼而天下從風又然不能西壤尺寸之地而身爲禽於中原者陳湯傳然猶不免死亡之患罪當在於奉憲儒林傳然君上也說苑敬愼篇然所以得者所猶可也漢書項籍傳然秦以區區之地云云

賈山傳然身死纔數月耳天下四面而攻之宗廟滅絕矣南粵王傳然北面而臣事漢諸然字並與乃同義然與乃同義故或以然乃連用論衡講瑞篇三年之後然乃知之是也

然猶或也詩皇矣無然畔援無然歆羨板無然憲憲無然泄泄無然譃譃皆謂無或如此也史記司馬相如傳若然辭之言若或辭之也

然猶如也說苑善說篇是行奚然言其行何如也是猶其也

然猶則也本釋詞管子地數篇然鹽之賈必四什倍與輕重甲篇則鹽必坐長而十倍文法一例是然卽則也論衡感虛篇夫草木水火與土無異然杞梁之妻不能崩

城明矣然字亦與則同義

然詞助也或爲發聲助若墨子尚賢篇然昔吾所以貴堯舜禹湯文武之道者荀子君道篇然而于是獨好之然而于是獨爲之書大傳說命篇然未嘗言國事史記魏世家然所以西面而事秦稱東藩受冠帶祠春秋者孔子世家然自要以下不及禹三寸陳丞相世家然其後曾孫陳掌以衛氏親貴戚願得續封陳氏絳侯世家然安知獄吏之貴乎蔡澤傳然爲霸主彊國不辭禍凶論衡語增篇然桀紂同行則宜同病是也或爲語中助若定八年公羊傳僅然後得免（言僅得免也僅即僅之譌後蓋衍字）楚辭離騷終然夭乎羽之野（言終夭也）天問終然爲害（言終爲害也）史

記蔡澤傳其卒然亦可願與言其卒亦可願與也東方朔傳此褚氏所附僅然能勝之言僅能勝也是也然爲發聲助及語中助故荀子然而于是云云韓詩外傳五無然字史記然所以西面云云魏策無然字史記然安知獄吏之貴乎漢書本亦或無然字其卒然亦可願與秦策無然字

經傳釋詞補